기초부터 배우는

웹 개발 리터러시

마스이 토시카츠 **지음** | 김모세 **옮김**

정보문화사
Information Publishing Group

일러스트 스텝
柏原昇店(가시와바라 쇼텐)

기초부터 배우는
웹 개발 리터러시

초판 1쇄 인쇄 | 2024년 2월 20일
초판 1쇄 발행 | 2024년 2월 29일

지 은 이 | 마스이 토시카츠
옮 긴 이 | 김모세

발 행 인 | 이상만
발 행 처 | 정보문화사

책임편집 | 노미라
교정·교열 | 윤모린

주   소 | 서울시 종로구 동숭길 113 정보빌딩
전   화 | (02)3673-0037(편집부) / (02)3673-0114(代)
팩   스 | (02)3673-0260
등   록 | 1990년 2월 14일 제1-1013호
홈페이지 | www.infopub.co.kr

I S B N | 978-89-5674-934-1

들어가며

PC나 스마트폰, 고속 네트워크가 보급됨으로써 언제 어디서든 쾌적하게 인터넷에 연결할 수 있게 되었습니다. 검색을 통해 다양한 정보를 얻을 수 있음은 물론 SNS나 블로그, EC 사이트(E-Commerce 사이트) 등 편리한 인터넷상의 서비스도 여럿 제공되고 있습니다.

이런 서비스를 사용하면서 '나도 편리한 서비스를 만들어 보고 싶다'고 생각해본 사람이 많을 것입니다. '회사에서 웹 애플리케이션 개발에 참여하게 되었다'는 사람도 있을 것입니다. 하지만 웹 개발을 전체적으로 바라볼 수 있는 지식이 없는 상태에서는 무엇을 먼저 시작해야 좋을지 알 수 없습니다. 프로그래밍 입문서를 읽어봐도 만들고 싶은 것을 구현하기 힘들 것 같다는 생각에 빠지기 쉽습니다.

개별적으로 기술을 학습하는 것뿐이라면 유용한 웹 사이트나 다양한 서적을 참고할 수 있습니다. 예를 들어 HTML이나 CSS, 자바스크립트, PHP, SQL과 같은 웹에서 사용되는 프로그래밍 관련 기술만을 학습하는 경우라면 다양한 정보들이 인터넷상에 공개되어 있으며, 동영상 콘텐츠도 대단히 많습니다.

최근에는 노 코드, 로우 코드, RPA[1]과 같은 기술도 등장했습니다. 이러한 기술을 사용하면 프로그래밍에 관한 지식이 거의 없더라도 웹 사이트나 웹 애플리케이션을 제작할 수 있을지도 모릅니다. 그리고 임대 서버를 사용해 간단한 웹 사이트나 웹 애플리케이션을 공개하는 것뿐이라면 서버나 네트워크, 보안과 같은 지식도 그렇게 많이 필요하지 않습니다.

하지만 웹 사이트를 공개한 뒤 페이지가 표시되지 않거나 읽기 속도가 느린 문제 등이 발생하기도 합니다. 이러한 문제에 대응하려면 프로그래밍은 물론 서버나 네트워크, 보안 지식이 필요합니다. 각 기술을 떼어 놓고 보면 단순하지만, 이들이 연결된 인터넷의 전체 이미지나 기본적인 사고방식을 익혀 두지 않으면 문제가 발생했을 때 어디부터 손을 대야 할지 몰라 막막해질 것입니다.

그리고 웹 개발에서 사용되는 용어를 모르면 회의에서 사용하는 보고 자료나 지식 내용을 이해하지 못하거나, 인터넷에서 어떤 용어를 검색해야 할지도 모르게 될 것입니다.

이 책에는 인터넷상에서 동작하는 서비스(웹 사이트나 웹 애플리케이션)를 개발할 때, 개발자나 서비스 제공자가 알아 둬야 할 지식을 '웹 개발 리터러시'로서 폭넓게 정리했습니다.

---

[1] Robotic Process Automation의 약자. '로봇을 이용한 처리 자동화'라는 의미로 형태를 정리하는 작업 등을 자동적으로 처리하는 도구.

'서비스를 만드는' 목적보다는 '프로그래밍 기술을 학습하는 것 외에도 어떤 지식을 알아두어야 좋은지' 알기 위한 지표가 되는 책을 목표로 했습니다.

대상 독자

이 책은 'IT 업계에서 웹 개발자로서 일하고 싶은 분'뿐만 아니라 '혼자서 웹 사이트나 웹 애플리케이션을 만들고 싶은 분', '사원 연수에서 무엇을 가르칠 것인지 고민하는 인사 담당자'도 대상으로 하고 있습니다. 조금 더 구체적으로는 다음과 같은 고민들을 가진 분들입니다.

* HTML이나 프로그래밍 언어는 배웠지만 인터넷에 관련 내용을 공개하기엔 불안하다.
* 개인적으로 웹 사이트를 만든 경험은 있지만 업무로 개발할 때 어떤 점을 주의해야 할지 모르겠다.
* IT 업계에서 다루는 화제의 폭이 너무 넓어 신입 사원에게 가르칠 것이 너무 많다.
* 신입으로 IT 관련 기업에 입사했지만 선배들에게 무엇을 물어봐야 좋을지 모르겠다.

그 해결책 중 하나로 현대의 인터넷을 지탱하고 있는 웹 기술을 개발자의 관점에서 배우는 방법이 있습니다. 이용자의 입장에서 평소에 당연한 듯 사용하는 인터넷이지만, 동작하고 있는 웹 사이트나 웹 애플리케이션을 개발자의 관점에서 바라봄으로써 웹의 전체 이미지를 볼 수 있게 됩니다.

그리고 웹 애플리케이션을 만들 때 다음과 같은 사항으로 고민할 때가 있을 것입니다.

- 임대 서버를 사용하고 싶지만, 클라우드와 관련된 자료가 너무 많아 어떤 것을 읽어야 좋을지 모르겠다.
- 웹 프레임워크를 사용하고 있지만 어떻게 동작하는지 잘 모르겠다.
- 도메인을 취득하고 싶지만 도메인과 웹 서버가 어떻게 연결되는지 모르겠다.

개별 제품의 설정 방법이라면 공식 사이트의 매뉴얼을 확인할 수 있겠지만, 웹의 구조를 익혀 두면 이런 의문이 생겼을 때 어떤 내용을 살펴봐야 할지 알 수 있습니다.

이런 지식은 웹 개발과 직접적인 관련이 없는 종사자에게도 도움이 될 것입니다. 제품에 관한 발표 자료를 작성할 때, 거래처와 대화할 때 등, 웹 개발에서 프로그래머가 어떤 부분에 신경을 쓰고 있는지 자신의 용어로 설명할 수 있다면 설득력 역시 높아질 것입니다.

이 책의 구성과 읽는 방법

웹 개발의 전체 이미지와 기본을 익히기 위해서는 웹 사이트나 웹 애플리케이션을 제작하고 공개하는 순서로 학습하는 것이 효과적입니다. 따라서 1장에서는 웹이 어떻게 동작하는지 설명하고, 이어서 2장과 3장에서는 간단한 웹 사이트를 제작할 때 알아 둬야 할 지식과 웹 사이트에 배포해서 공개하는 방법에 관해 설명합니다.

웹 사이트를 공개했다 하더라도 보안에 관한 지식이 없으면 공격을 받을 위험이 있습니다. 4장에서는 네트워크, 5장에서는 보안과 같은 웹 애플리케이션 개발에 관한 필수 기술을 설명합니다.

혼자서 웹 애플리케이션을 개발한다 하더라도 설계나 테스트와 같은 지식은 필수입니다. 공개하고 끝이 아니라, 그 후의 유지 보수나 운용에 관해서도 생각해야 합니다. 그래서 6장에서는 EC 사이트를 예로 들어 실제로 웹 애플리케이션을 설정할 때 고려할 사항이나 테스트/운영 등의 실무 관점을 소개하고, 마지막으로 7장에서는 EC 사이트 등을 운용할 때 알아 둬야 할 법률이나 결제 등 기술 측면 이외의 지식에 관해서도 설명합니다.

그리고 각 절 마지막에 참고 도서를 소개했으므로, 각 장을 읽은 뒤 더 깊이 이해하고 싶은 내용이 있다면 책을 읽어볼 것을 권장합니다.

차례

1

웹 개요

웹이 동작하는 구조

링크를 클릭하면 내부에서 어떤 일이 벌어지는가?

문장 검색, 이미지 업로드, 음악이나 동영상 재생 등 인터넷을 활용해 다양한 서비스를 이용할 수 있게 되었습니다. 이 서비스들을 그저 이용자로서 이용할 뿐이라면 눈에 보이는 부분의 사용 방법만 안다 하더라도 큰 문제는 없을 것입니다.

하지만 웹 개발자로서 서비스를 제공하는 경우라면 그 이면에서 무엇이 이루어지는지 이해하지 않으면 웹 페이지가 표시되지 않거나, 표시되는 데 시간이 걸리는 등의 문제가 발생했을 때, 어디에 원인이 있는지 조사할 수 없습니다.

먼저 웹 브라우저와 웹 서버, 그리고 이들을 연결하는 통신과 데이터 저장 등에 관해 간단한 예를 들어 설명합니다.

▌웹 브라우저의 구조

우리가 웹 사이트를 볼 때 사용하는 소프트웨어로 웹 브라우저가 있습니다. 구체적인 제품명으로는 구글 크롬(Google Chrome, 이하 크롬), 마이크로소프트 에지(Microsoft Edge, 이하 에지), 모질라 파이어폭스(Mozilla Firefox, 이하 파이어폭스), 애플 사파리(Apple Safari, 이하 사파리) 등을 들 수 있습니다. PC나 스마트폰에 처음부터 설치되어 있는 웹 브라우저를 그대로 사용하는 사람도 많습니다.

검색이나 SNS 활용, EC 사이트에서의 쇼핑 등을 위해 떼려야 뗄 수 없는 웹 브라우저는 그림 1-1과 같이 웹 사이트를 보기 위해 다양한 기능을 제공합니다.

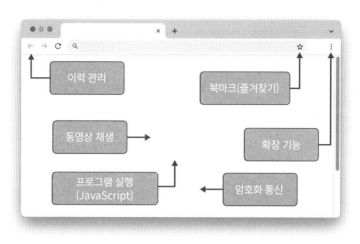

그림 1-1 웹 브라우저의 기능

여기에서는 웹 브라우저의 기본 기능인 '웹 사이트를 표시'할 때 그 이면에서 수행되는 통신에 관해 설명합니다. 먼저 어떤 하드웨어와 소프트웨어가 사용 되는지 알아 둡시다.

검색이나 SNS, EC 사이트 등 편리한 서비스를 제공하는 하드웨어나 소프트 웨어를 서버(Server)라 부르며(자세한 내용은 1.3절에서 설명합니다), 이름 그대로 서비스를 제공한다는 의미입니다. 웹 서비스를 제공하면 '웹 서버', 메 일 서비스를 제공하면 '메일 서버', 데이터베이스를 제공하면 '데이터베이스 서버'가 됩니다.

한편 우리가 바로 눈앞에서 이용하고 있는 PC나 스마트폰 등에서 위 서버에 연결할 때 사용하는 하드웨어나 실행 중인 소프트웨어를 클라이언트(Client) 라 부릅니다. 예를 들어 웹 서버에 연결해서 사용하는 클라이언트에는 여기 에서 소개하는 '웹 브라우저'가 있으며, 메일 서버에 연결해서 사용하는 클라 이언트는 '메일 소프트웨어'나 '메일러' 등이라 합니다.

이 서버와 클라이언트는 클라이언트로부터의 요청(Request)을 서버가 받고 그 결과를 응답(Response)으로 클라이언트에 반환하는 관계에 있습니다(그림 1-2).

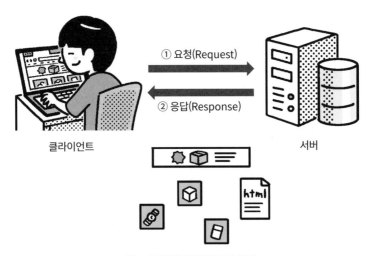

그림 1-2 서버와 클라이언트의 관계

웹 브라우저와 웹 서버라면 웹 브라우저의 주소 창에 URL을 입력하거나 링크를 클릭하는 작업 등이 웹 서버로 보내는 요청이고, 해당 URL에 대응하는 웹 페이지의 내용을 웹 서버로부터 웹 브라우저에 반환하는 것이 응답으로 (그림 1-3), 이 모두 요청 → 응답의 흐름은 변하지 않습니다. 그리고 기본적으로는 요청하지 않으면 서버 측에서 임의로 송신하지 않습니다.

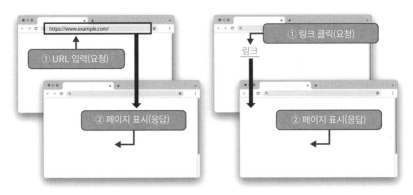

그림 1-3 웹 사이트를 열람할 때의 요청과 응답

이 URL은 인터넷상에서 파일의 위치를 지정하는 것으로 자세한 내용은 4장에서 설명합니다. URL은 `http://`나 `https://` 등으로 시작하며, 웹 브라우저의 주소 창에 표시되는 문자를 떠올리면 좋을 것입니다.

웹 브라우저 화면에는 웹 서버의 응답으로 반환된 웹 페이지의 내용이 표시됩니다. 이때 응답으로 반환되는 것은 HTML이라는 언어로 작성된 텍스트 형식 데이터입니다. 이 텍스트 형식 데이터를 해석해, 웹 브라우저의 화면 안에 표시하는 처리를 렌더링(Rendering)이라 부릅니다(그림 1-4, 2장에서 설명합니다).

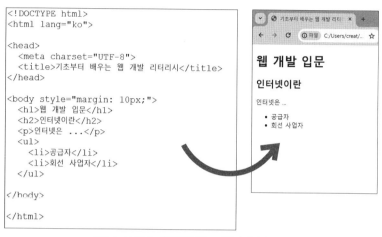

그림 1-4 HTML 데이터와 웹 브라우저에서의 표시

많은 웹 페이지에는 이미지가 포함되어 있습니다. 이미지를 표시하려면 HTML 안에서 이미지 파일을 지정합니다. 실제로는 이미지의 URL을 입력합니다. 이미지 데이터는 이 HTML 안에 있는 것이 아니라, 이미지 파일의 URL이 입력되어 있을 뿐입니다. 즉, 웹 브라우저가 렌더링할 때 지정된 이미지 데이터를 따로 얻어서 이미지를 표시합니다.

웹 브라우저가 렌더링을 하는 동안 표시할 이미지 데이터를 요청하며 웹 서버는 이에 응답합니다. 즉 하나의 웹 페이지를 표시할 때는 여러 요청이 송신되고 각 요청에 대한 응답이 존재합니다. 웹 브라우저는 그 응답들을 모아서 표시합니다(그림 1-5).

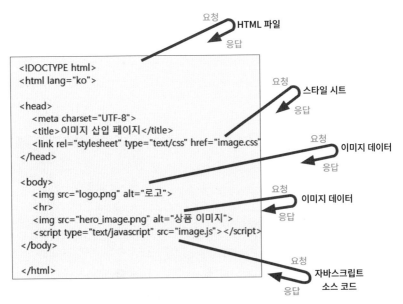

그림 1-5 하나의 웹 페이지를 표시할 때의 요청과 응답

웹 서버 구조

이번에는 웹 서버 측에서 생각해봅니다. 웹 서버는 웹 브라우저로부터 URL로 요청을 받고, 그 URL에 대응하는 웹 페이지의 내용을 웹 브라우저에 반환합니다. 이 웹 서버의 기능을 제공하는 소프트웨어로는 아파치(Apache), nginx, IIS 등이 유명합니다.

웹 브라우저로부터 언제 요청이 발생할지 모르므로 인터넷상에 공개되어 있는 웹 서버는 24시간 365일 동작합니다. 그리고 많은 이용자가 동시에 접근하는 상황을 고려해 웹 서버 소프트웨어가 도입되어 있는 컴퓨터에는 고성능 하드웨어를 사용합니다.

기업 정보를 소개하는 웹 페이지처럼 모든 사용자에게 같은 내용을 반환하고자 한다면 그 내용이 담긴 파일을 서버 안에 준비합니다. 웹 브라우저로부터 요청이 있을 때, 해당 파일의 내용을 응답으로 반환하기만 하는 간단한 동작입니다.

한편, SNS나 EC 사이트와 같이 이용자별로 다른 내용을 표시하는 서비스도 있습니다. 표시하는 내용을 동적으로 변경하기 때문에 데이터베이스에 저장되어 있는 데이터를 기반으로 프로그램이 이용자에 맞춰 내용을 반환합니다. 이때는 접근할 때마다 웹 서버 이면에서 고유의 프로그램을 실행해 표시할 내용을 생성합니다.

어느 쪽이든 웹 브라우저 측에서 보면 웹 페이지의 내용으로서 HTML 등의 콘텐츠가 웹 서버로부터 반환되어 올 뿐입니다(그림 1-6).

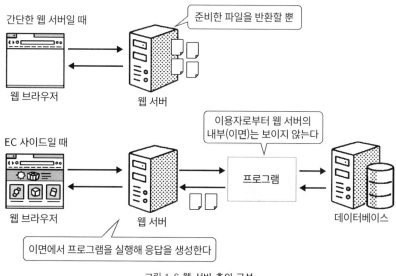

그림 1-6 웹 서버 측의 구성

이렇게 웹 사이트가 표시될 때까지의 흐름을 이해하기 위해서는 웹 브라우저 측의 처리와 웹 서버 측의 처리를 나누어서 생각해야 합니다. 이 웹 브라우저 측의 페이지 표시나 이용자에 의한 문자 입력 등의 부분을 프론트엔드(Front-end), 웹 서버 측의 데이터 처리를 백엔드(Back-end)라 부릅니다.

프론트엔드에서는 HTML이나 CSS, 자바스크립트와 같은 기술을, 백엔드에서는 파이썬, 루비, 자바, SQL과 같은 기술을 사용합니다. 각 기술을 담당하는 기술자를 '프론트엔드 엔지니어', '백엔드 엔지니어'라 부르며 기술자의 역할이나 요구되는 지식들이 크게 다릅니다.

네트워크와 프로토콜

웹 브라우저의 요청에 대한 웹 서버의 응답은 네트워크(Network)를 경유해서 수행합니다. 네트워크에는 무선이나 유선 등의 경로가 있으며, 웹 브라우저나 웹 서버 제품이나 기능이 다르더라도 동일하게 접근할 수 있습니다.

네트워크에 연결한 단말끼리 혹은 프로그램끼리 통신하기 위한 규칙을 프로토콜(Protocol)이라 부릅니다. 프로토콜은 '통신 규약'으로, 한쪽에서는 한국어로 말하고 다른 한쪽에서는 영어로 말하면 커뮤니케이션이 되지 않는 것처럼 서로가 사용하는 언어나 순서에는 규칙이 필요합니다. 웹 사이트 열람에는 HTTP, 메일 송신에는 SMTP와 같은 여러 프로토콜이 정해져 있습니다.

프로토콜은 계층 구조로 나눌 수 있으며 이 계층 구조에 관한 사고방식으로 'OSI 참고 모델'과 'TCP/IP'가 널리 알려져 있습니다. 'OSI 참조 모델'은 7개의 층으로 나누어서 생각하는 이상적인 모델이지만, 현재의 인터넷에서는 4개의 층으로 나누어서 생각하는 'TCP/IP'가 사용됩니다. 구체적으로는 그림 1-7과 같은 프로토콜이 대응하고 있습니다.

OSI 참조 모델의 계층	TCP/IP의 계층	프로토콜
애플리케이션 층	애플리케이션 층	HTTP, SMTP, POP, FTP, …
프레젠테이션 층		
세션 층		
트랜스포트 층	트랜스포트 층	TCP, UDP, QUIC, …
네트워크 층	인터넷 층	IP, ICMP, …
데이터링크 층	링크 층	이더넷, PPP, …
물리 층		

그림 1-7 OSI 참조 모델과 TCP/IP 계층

계층 구조를 이용한 관리는 우리에게 친근한 예를 들어 설명할 수 있습니다(그림 1-8). 우편 배달을 생각해봅니다. 우리가 편지를 보낼 때, 먼저 편지에 글을 적습니다. 그리고 편지를 봉투에 넣은 후 상대방의 이름과 주소를 적습니다. 봉투를 우편함에 넣으면 집배원이 봉투에 적힌 주소의 우편함에 넣고, 해당 주소에 살고 있는 사람 중에서 수신인이 내용을 읽습니다.

송 신 측	애플리케이션 층	문장
	트랜스포트 층	이름
	인터넷 층	주소
	링크 층	우편 배달

수 신 측	애플리케이션 층	문장
	트랜스포트 층	이름
	인터넷 층	주소
	링크 층	우편 배달

그림 1-8 **일상과 가까운 계층 구조**

이렇게 계층 구조로 프로토콜을 관리하면 용도에 맞춰 일부를 교환하고, 최적의 선택이 가능하다는 장점이 있습니다. 예를 들어 편지를 보낼 때, 봉투에 넣은 뒤 '우편'을 사용하지 않고 '메일'을 선택할 수 있으며 이는 프로토콜에서도 마찬가지입니다. 트랜스포트 층에시 TCP 대신 UDP를 사용할 수 있습니다. 음성 통화 애플리케이션이나 실시간 동영상 스트리밍에서는 트랜스포트 층에서 UDP를 사용하는 선택 등을 수 있습니다.

일반적인 웹 사이트의 열람이나 메일 송수신 시에는 애플리케이션 층에서 HTTP, 트랜스포트 층에서 TCP, 인터넷 층에서 IP를 사용합니다. 각 프로토콜에 관한 자세한 내용은 4장에서 설명합니다.

▌파일과 데이터베이스

웹 서버의 응답에는 파일을 반환하는 방법과 프로그램을 이용해 데이터베이스로부터 참조한 결과를 반환하는 방법이 있다고 설명했습니다. 직접 파일을 반환할 수 있으며, 프로그램에서 파일을 읽어서 형태를 정리한 결과를 반환할 수도 있습니다.

서버 안에 데이터를 저장할 때 파일에 저장하는 방법과 데이터베이스에 저장하는 방법이 있습니다. 모든 이용자에 대해 같은 내용을 반환하는 경우에는 파일로 저장하는 방법이 편리합니다. HTML이라면 HTML 파일, 이미지라면 이미지 파일과 같은 형태로 개별적으로 파일을 저장해 둡니다.

한편 회원 등록이나 상품 구입과 같이 이용자의 조작에 따라 프로그램을 동작시켜 이용자별로 웹 브라우저에 표시할 내용을 바꾸고 싶다면 일반적으로 데이터베이스를 이용합니다.

파일이든 데이터베이스든 기록하고 싶은 내용을 프로그램으로부터 저장하고 필요에 따라 꺼낸다는 방식은 동일합니다. 각 방법의 장단점은 다음과 같습니다(표 1-1).

표 1-1 데이터를 저장하는 방법 비교

비교 항목	파일	데이터베이스
데이터 형식	자유로운 형식으로 입력할 수 있다.	입력할 수 있는 형식에 제한이 있다.
이용 시 필요한 스킬	파일 형식에 맞춰 편집할 수 있다면 누구나 간단히 사용할 수 있다.	데이터베이스 조작 스킬이 필요하다.
데이터 경합	여러 이용자가 동시에 업데이트하면 경합할 가능성이 있다.	여러 이용자가 동시에 업데이트하려고 해도 제어를 해준다.
데이터 품질	모든 값을 저장할 수 있으므로, 데이터의 품질이 치우치기 쉽다.	가정한 이외의 값을 저장하려고 하면 에러가 발생하므로, 데이터의 품질을 확보할 수 있다.
처리 속도	대량의 데이터가 있는 경우 처리에 시간이 걸린다.	대량의 데이터가 있어도 색인 등의 기능을 이용해 빠르게 처리할 수 있다.

데이터 저장에 사용하는 파일에는 CSV(Comma Separated Values) 파일이나 설정 파일 등이 있습니다. 이들은 단순한 텍스트 파일이므로 텍스트 편집기로 편집할 수 있으며, 프로그램으로 처리하기도 비교적 간단합니다.

CSV 파일은 표 계산 소프트웨어에서도 자주 사용되는 형식으로, 각 항목을 쉼표(,)로 구분해서 표현합니다. 예를 들어 주소록 데이터는 다음과 같이 저장됩니다.

CSV 파일의 예

```
이름,우편번호,주소,전화번호,메일 주소
김정보,03075,서울 종로구 창경궁로 265,02-1234-5678,jungbo.kim@gmail.com
서문화,02863,서울 성북구 삼선교로16길 35,02-2234-5647,munhwa.seo@naver.com
```

설정 파일은 프로그램 실행에 필요하며, 일반적으로 수정할 수 없으므로 파일로 저장하는 것이 적합합니다. 설정 파일에 자주 사용되는 형식으로 XML이나 YAML, TOML 등이 있습니다.

데이터베이스에 데이터를 저장하는 방법에는 웹 서버와 함께 데이터베이스 서브를 병행 준비하는 방법이 있습니다. 환경을 구축하는 데 노력이 필요하지만 한 번 구축한 뒤에는 데이터 관리를 데이터베이스 서버에 맡길 수 있습니다. 데이터베이스 서버에 사용되는 소프트웨어로는 DBMS(Database Management System, 데이터베이스 관리 시스템)가 있습니다. DBMS를 사용함으로써 데이터 관리를 DBMS에 맡길 수 있기에 애플리케이션 개발자는 기능 구현 작업에 전념할 수 있습니다(그림 1-9).

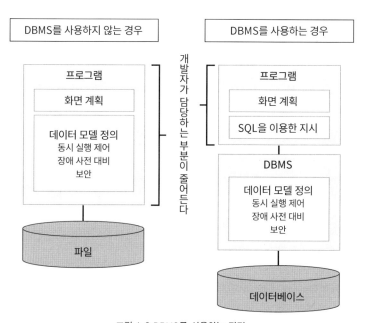

그림 1-9 DBMS를 사용하는 장점

DBMS는 저장할 데이터의 내용이나 용도에 맞춰 RDBMS(Relational Database Management System, 관계형 데이터베이스 관리 시스템)와 NoSQL이라는 2가지를 구분해서 사용하는 것이 일반적입니다.

RDBMS는 '관계 모델'이라는 모델에 따라 취급하는 데이터베이스로 배타 제어나 록[1] 등의 기능이 있습니다. 신뢰성이 높아 기업의 업무 시스템 등에서 자주 사용됩니다. MySQL이나 PostgreSQL, Oracle, DB2와 같은 제품이 있으며 SQL이라는 언어로 조작합니다.

데이터 분석에 NoSQL을 사용하는 경우도 늘어나는 추세입니다. 이름 그대로 SQL을 사용하지 않는 데이터베이스로, KVS(Key-Value Store)나 문서 지향 데이터베이스 등이 있습니다. 여러 컴퓨터에 데이터를 분산시켜 관리하기 때문에 다중화를 담보할 수 있습니다. 처리 속도가 빠르고 구조가 단순하므로 막대한 양의 데이터나 구성이 복잡한 데이터를 관리하는 경우에 자주 사용됩니다. 아파치 카산드라(Apache Cassandra)나 구글 빅테이블(Google BigTable) 또는 데이터스토어(DataStore), 다이나모 DB(Dynamo DB), 몽고 DB(Mongo DB), 레디스(Redis) 같은 제품이 있습니다.

6장에서는 RDBMS를 사용한 EC 사이트 설계에 관해 설명합니다.

웹 애플리케이션이나 웹 사이트의 전체적인 구조를 학습하려면 웹 기술뿐 아니라 네트워크나 데이터베이스 지식도 필요합니다.

각 내용을 자세히 알지 못하더라도 무언가를 만들어낼 수 있는 시대가 되었지만, 이면의 동작 방식을 알고 있으면 시야가 넓어지므로 꼭 익혀 둡시다.

 권장 도서

그림으로 배운다 : 한 권으로 알 수 있는 웹 기술 교과서(기술평론사, 2021)(「図解即戦力 Web技術がこれ1冊でしっかりわかる教科書」, 鶴長鎮一(著), 技術評論社, 2021年, ISBN978 -4297123093)

---

1 여러 처리가 동시에 같은 데이터에 접근했을 때 한쪽의 조작을 금지하는 제어입니다.

웹 사이트와
웹 애플리케이션

열 때마다
계속해서 변하는
콘텐츠

누가 접근해도 같은 내용이 표시되는 웹 사이트가 아니라, 접근할 때마다 웹 페이지에 표시되는 내용이 달라지는 웹 애플리케이션도 있습니다. 두 경우의 차이를 알고, 어떤 구성으로 구현되어 있는지 알아 둡시다. 그리고 지금까지 '웹 페이지'나 '웹 사이트'라는 용어를 사용했지만, 각 용어가 나타내는 범위가 다르다는 점도 익혀 둡니다.

정적 사이트와 동적 사이트

일반적으로 웹 페이지는 하나의 HTML 파일과 이미지 등으로 구성되는 외형상 하나의 페이지를 나타냅니다. 즉, 그림 1-10과 같은 구성에서는 각각 웹 페이지가 됩니다.

웹 사이트는 어떤 조직이 관리하는 웹 페이지의 집합을 나타내며, 여러 웹 페이지를 모은 것입니다. A사의 웹 사이트와 B사의 웹 사이트가 그림 1-10과 같이 구성되어 있을 때, 각 조직이 관리하는 범위에 따라 다른 웹 사이트라고 생각할 수 있습니다.

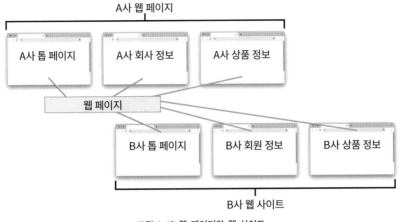

그림 1-10 웹 페이지와 웹 사이트

디자인이나 레이아웃 등을 포함하지 않는 웹 사이트의 내용을 콘텐츠 (Contents)라 부르며 제목이나 문장, 이미지 등이 여기에 해당합니다. 디자인이 좋은 웹 사이트도 매력적이지만 콘텐츠 양이 풍부하거나, 콘텐츠가 자주 업데이트되는 웹 사이트라면 이용자가 증가합니다. 이 책에서는 자세히 다루지는 않지만, 이용자가 콘텐츠를 발견하기 쉽도록 웹 사이트를 구성해 둘 필요도 있습니다.

콘텐츠를 어떤 방식으로 표시할지 여부에 따라 누가 봐도 같은 콘텐츠가 표시되는 웹 페이지를 정적 페이지(Static Page), 이용자에 따라 콘텐츠가 변하는 웹 페이지를 동적 페이지(Dynamic Page)라 부릅니다. 마찬가지로 콘텐츠가 변하지 않는 웹 사이트를 정적 사이트(Static Site), 콘텐츠가 변하는 웹 사이트를 동적 사이트(Dynamic Site)라 부릅니다.

웹 애플리케이션

일반적으로 컴퓨터는 하드웨어와 소프트웨어로 나뉘며, 소프트웨어는 기본 소프트웨어와 응용 소프트웨어로 나눌 수 있습니다(그림 1-11). 기본 소프트웨어는 OS(Operating System, 운영체제)를 말합니다. Windows나 macOS, Linux, Android, iOS 등이 이에 해당합니다. 응용 소프트웨어는 애플리케이션 소프트웨어(Application Software)라고도 하며, 줄여서 어플이라 부르기도 합니다.

분류		PC	스마트폰	웹
소프트웨어	응용 소프트웨어 (애플리케이션 소프트웨어, 애플리케이션)	Word, Excel, Web 브라우저, 연하장 인쇄, 음악 재생 등	SNS, 지도, 환승 안내, 웹 브라우 저, 음악 재생 등	EC 사이트, 검색 사이트, 뉴스 사이트, 고객 관리 시스템 등
	기본 소프트웨어 (운영체제)	Windows, macOS 등	Android, iOS 등	Windows, Linux 등
하드웨어		키보드, 마우스, CPU, 메모리 등	터치 패널, 마이 크, CPU, 메모리 등	다중화 전원, CPU, 메모리 등

그림 1-11 하드웨어와 소프트웨어

애플리케이션은 실행되는 환경에 따라 그 이름이 다릅니다.

- PC의 데스크톱에서 동작하는 것은 데스크톱 애플리케이션
- 스마트폰에서 동작하는 것은 스마트폰 애플리케이션
- 웹상(웹 서버 또는 웹 브라우저)에서 동삭하는 것은 웹 애플리케이션

동적 사이트는 웹 애플리케이션이며 콘텐츠를 바꾸기 위해서는 웹상에서 프로그램을 실행해야 합니다. 앞 절에서 소개했듯 그 환경은 프론트엔드와 백엔드로 구성되어 있습니다.

다른 웹 애플리케이션과 연동하기 위해 API(Application Programming Interface)를 제공하는 웹 애플리케이션도 있습니다. API는 어떤 프로그램이 제공하는 기능을 다른 프로그램으로부터 호출할 때 사용하는 창구 역할을 하며, 호출하는 순서나 형태가 결정되어 있습니다. 개발자는 지정된 사양에 따라 API를 호출하면, 해당 API의 구체적인 처리 내용을 모르더라도 결과를 받을 수 있습니다(그림 1-12). 즉 웹 브라우저를 조작해서 보내는 요청에 대응하는 프로그램뿐 아니라, 프로그램으로부터 받은 요청에 대응하는 프로그램도 있습니다. 여러 시스템 사이에서 연동할 때는 API를 이용함을 기억해 둡니다.

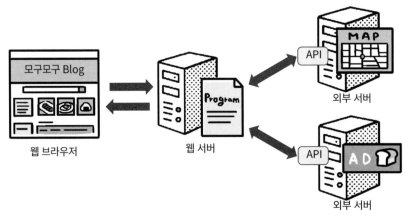

그림 1-12 API 이용

웹 애플리케이션으로서 호출되는 API를 웹 API(Web API)라 부릅니다. 이용자의 입장에서 보면 데스크톱 애플리케이션이나 스마트폰 애플리케이션을 사용하는 듯 보여도, 내부적으로는 Web API를 프로그램으로부터 호출해 결과를 표시하는 경우도 있습니다. 예를 들어 지도를 표시하기 위해 Google Maps API를 사용하거나, 그래프를 표시하기 위해 Google Charts API를 사용해 외부 서버가 가진 편리한 기능을 간단하게 제공할 수 있습니다.

3계층 아키텍처

웹 애플리케이션은 서버 내부에서 제공되는 파일이나 프로그램에 어떠한 처리를 실행한 결과를 반환합니다. 이 프로그램은 이용자로부터 입력을 받거나 데이터베이스로부터 데이터를 취득하는 등의 몇 가지 역할을 수행합니다.

이때 서버 측의 구현을 그림 1-13과 같이 '프레젠테이션 층', '애플리케이션 층', '데이터 층'의 3가지로 나누는 사고방식을 3계층 아키텍처(3-Layered Architecture)라 부릅니다. 이와 같이 분할함으로써 프로그램을 수정해야 할 때 영향 범위를 한정할 수 있어 유지 보수가 쉬워지며, 각 역할을 가진 서버를 준비함으로써 부하를 분산시킬 수 있습니다.

웹 브라우저

그림 1-13 3계층 아키텍처

프레젠테이션 층(Presentation Layer)은 이용자와 대화하는 층입니다. 이용자에게 정보를 표시하고, 이용자로부터 입력을 받습니다. 웹 애플리케이션에서는 HTML 등으로 작성한 웹 페이지를 표시하고, 해당 웹 페이지에서 입력을 받는 역할을 담당합니다.

애플리케이션 층(Application Layer)은 프레젠테이션 층으로부터 받은 데이터를 기반으로 다양한 처리를 수행합니다. 그리고 데이터 층을 호출해 데이터 추가나 변경, 삭제 등을 수행합니다.

데이터 층(Data Layer)은 애플리케이션 층으로부터 호출을 받아 데이터를 관리합니다. 이때 프레젠테이션 층으로부터 직접 데이터 층에 접근하지 않습니다.

3개의 층을 구현하는 방법은 그림 1-14와 같이 2가지로 해석할 수 있습니다.

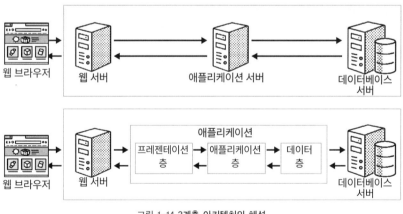

그림 1-14 3계층 아키텍처의 해석

한 가지는 서버에 이용하는 소프트웨어로 나누는 사고방식입니다. 즉, 프레젠테이션 층이 웹 서버, 애플리케이션 층이 애플리케이션 서버, 데이터베이스 층이 데이터베이스 서버라는 사고방식입니다.

다른 한 가지는 프로그램 내부의 처리를 3가지로 나누는 사고방식입니다. 즉, 애플리케이션 내부를 프레젠테이션 층, 애플리케이션 층(비즈니스 로직 층이라고도 부름), 데이터 층(데이터 액세스 층이라고도 부름)으로 나눕니다.

마찬가지로 내부 처리를 3가지로 나누는 사고방식으로 MVC 모델이 있습니다(그림 1-15). 뒤에서 설명할 대다수의 웹 프레임워크에서 애플리케이션을 Model, View, Controller의 3가지로 나눠 개발합니다. 웹 애플리케이션은 물론 데스크톱 애플리케이션이나 스마트폰 애플리케이션 등 이용자가 화면에서 조작하는 애플리케이션 개발에서는 일반적으로 이러한 사고방식을 기반으로 합니다.

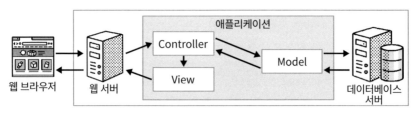

그림 1-15 MVC 모델

어떤 방법이든 웹 서버가 모든 처리를 수행하는 것이 아니라, 각 계층이 역할을 분담해서 처리합니다.

웹 애플리케이션을 구현하고자 할 때 MVC 모델을 사용하는 이유
는 무엇인가요?

하나의 소스 코드에 모든 내용을 작성하면 수정이 어려워지기
때문입니다.

소스 코드를 나누면 각 파일을 수정해야 하는데 번거롭지 않나요?

예를 들어 View와 Controller를 분리해 작성하면 이후 디자이
너는 View를, 프로그래머는 Controller를 수정하는 식으로 분
업을 할 수 있습니다.

그렇군요! 역할을 나누어 두면 추후 수정할 부분이 명확하네요!

웹 애플리케이션과 자주 비교되는 대상으로 스마트폰 애플리케이션을 들 수 있습니다. 최근에는 PC보다 스마트폰을 이용하는 경우가 늘어, 웹 사이트도 스마트폰에서 보기 쉬운 레이아웃으로 표시하게 되었습니다.

웹 애플리케이션과 스마트폰 애플리케이션은 모두 스마트폰상에서 동작하므로 같은 기능을 구현 가능하리라 생각할 수 있겠지만 서로 특징 및 차이점이 있습니다.

웹 애플리케이션은 웹 브라우저만 있으면 열람할 수 있기에 스마트폰에 애플리케이션을 설치할 필요가 없습니다. 기본적으로 데이터는 서버 측에 저장되어 있으므로, 스마트폰을 바꾸어도 마이그레이션 작업이 필요하지 않습니다. 한편 웹 브라우저 내부에서 실행되므로 스마트폰이 제공하는 센서 등의 하드웨어가 가진 기능을 세세하게 제어할 수 없으며, 카메라나 위치 정보 등 한정된 기능만 사용할 수 있습니다.

스마트폰 애플리케이션은 애플리케이션 스토어 등에서 다운로드해 단말에 설치해서 사용합니다. 데이터는 서버에 저장할 수 있지만 단말 내부에 저장하기도 합니다. 단말 내부에 저장하는 경우 기기 변경 시 데이터 마이그레이션 작업이 필요합니다. 스마트폰 애플리케이션은 단말에서 제공되는 하드웨어를 자유롭게 제어할 수 있으므로 게임 등 조작 성능이 요구되는 애플리케이션에 적합합니다.

 권장 도서

시스템을 잘 만들게 하는 기술 ~엔지니어가 아닌 당신에게~(위키북스, 2013)(『システムを作らせる技術エンジニアではないあなたへ』, 白川克(著), 濱本佳史(著), 日本経済新聞出版, 2021年, ISBN978-4532323998)

웹이 동작하는 환경

가격보다 사용성과 안정성

웹 사이트를 만들거나 웹 애플리케이션을 개발하는 작업은 개발 전체에서 하나의 단계에 지나지 않습니다. 웹 사이트나 웹 애플리케이션 운영이라는 관점에서 생각하면, 인터넷상에 웹 서버를 준비하는 단계도 필요합니다.

웹 서버는 다양한 방법으로 준비할 수 있습니다. 특징과 편리한 서비스 등을 파악해 최적의 환경을 선택합니다

웹 서버의 역할

웹 서버라 부르는 대상이 있을 때 그것이 하드웨어인지 혹은 소프트웨어인지 생각해 봅니다.

사내에 서버실이 있다면 서버로 사용 중인 여러 기기가 배열되어 있을지도 모릅니다. 그 기기들 중에서 특정한 하드웨어를 가리켜 웹 서버라 부르기도 합니다(그림 1-16 왼쪽).

그림 1-16 웹 서버

웹 서버라고 하면 그림 1-16 오른쪽과 같은 아파치, nginx, IIS와 같은 소프트웨어를 가리키는 경우도 많습니다. 소프트웨어이므로 우리가 사용하는 애플리케이션 소프트웨어와 마찬가지로 OS를 기동하며, 설치해서 사용합니다. 평소 사용하는 PC에 웹 서버 소프트웨어를 설치해 웹 서버로 사용할 수도 있습니다.

전 세계에 공개되어 있는 아파치나 nginx를 사용한 많은 웹 서버는 Linux 등 UNIX 계열의 OS에서 동작하고 있습니다(Windows에서 동작하는 것도 있습니다). IIS에서는 Windows Server 등 Windows 계열 OS를 사용합니다.

이 웹 서버로부터 호출된 프로그램을 실행하는 것이 웹 애플리케이션입니다. 이러한 웹 애플리케이션 개발에는 다양한 프로그래밍 언어가 사용되며, 실행 환경에 따라 적합한 프로그래밍 언어를 선택합니다. 아파치나 nginx에서 동작하는 웹 애플리케이션 개발에는 PHP, 루비, 파이썬 등의 프로그래밍 언어가 주로 사용되며, IIS에서는 C#, VB.NET이 많이 사용됩니다. 기업에 따라서는 자바를 사용하기도 합니다. 언어 선택 시에는 해당 언어로 작성된 프로그램을 실행하는 환경을 고려해야 하므로, 뒤에서 설명하는 서버 규약에 따라 어느 정도 줄일 수 있습니다.

프로그램을 실행하는 방법도 몇 가지를 생각할 수 있습니다. 오랜 기간에 걸쳐 사용되는 실행 방법으로 CGI(Common Gateway Interface)가 있습니다 (그림 1-17). 일반적으로 인터페이스(Interface)는 다른 요소 사이를 연결하는 역할을 하며, 사람과 컴퓨터의 인터페이스로 GUI나 CUI가 있고 컴퓨터와 주변 기기의 인터페이스로 USB나 블루투스(Bluetooth) 등이 있습니다. 그림 1-17에 나타낸 것처럼 CGI는 웹 서버와 프로그램을 연결하는 인터페이스입니다. 웹 브라우저로부터 요청이 있을 때마다 웹 서버(소프트웨어)가 프로그램의 프로세스를 기동하고, 웹 브라우저로부터 받은 입력을 환경 변수나 표준 입력으로 프로그램에 전달하고, 그 결과를 표준 출력으로 웹 서버에 반환합니다. 표준 입력이나 표준 출력은 대부분의 프로그래밍 언어에서 대응하고 있기에 다양한 프로그래밍 언어에서 동일하게 실행할 수 있지만, 매번 프로그램의 프로세스를 기동하기 때문에 처리가 느리다는 단점이 있어 최근에는 사용 빈도가 점점 줄어들고 있습니다.

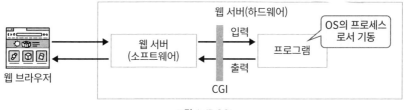

그림 1-17 CGI

대신 앞에서 설명한 3계층 아키텍처에서 소개한 웹 서버와는 다른 애플리케이션 서버라는 서버 소프트웨어를 사용하는 경우도 있습니다(그림 1-18). CGI와 달리 항상 기동한 상태로 대기하고, 이용자가 웹 서버에 접근하면 웹 브라우저로부터 받은 입력을 웹 서버에서 애플리케이션 서버에 중계합니다. 프로그램은 애플리케이션 서버 내부에서 기동하고 있으므로 프로세스가 개별로 기동되지 않으며, 애플리케이션 서버와 웹 애플리케이션이 통신을 통해 결과를 반환합니다.

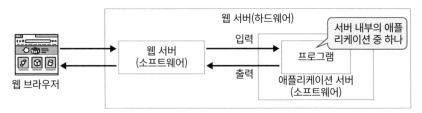

그림 1-18 애플리케이션 서버

임대 서버와 VPS

웹 서버를 구축하기 위해 PC를 구입해서 OS를 설치하고 각종 설정을 수행한 뒤, 아파치나 nginx 같은 웹 서버 소프트웨어를 설치하는 방법을 생각할 수 있습니다. 규모가 어느 정도 있는 회사라면 정보 시스템 부문에서 웹 서버를 구축할 수 있을지도 모릅니다.

하지만 웹 서버는 24시간 365일 가동하는 것이 바람직하고, 외부로부터 공격을 받을 가능성도 있습니다. 때문에 소규모 회사나 개인이 개발하는 서비스에서는 운용 측면의 부담이 커집니다.

이 경우에는 외부 사업자가 제공하는 데이터 센터(Data center)를 사용할 수 있습니다. 데이터 센터는 웹 서버나 메일 서버와 같은 인터넷용 서버, 고속 네트워크나 다중화된 전원, 내진 설계 등을 반영한 전용 건물입니다.

이 데이터 센터에서 제공되는 저렴하고 간단한 서비스로 임대 서버(Rental Server)가 있습니다. 임대 서버는 데이터 센터 안에 설치한 컴퓨터 자원을 일부 빌리는 방식으로, 서버 구축이나 관리 등의 작업을 사업자에게 맡길 수 있습니다. 단, 자유롭게 소프트웨어를 추가하거나 설정을 변경할 수 없으며, 제공되는 환경을 그대로 사용해야 합니다.

임대 서버의 종류로 공용 서버(Public Server)와 전용 서버(Private Server)가 있습니다. 공용 서버는 여러 이용자가 같은 하드웨어를 공유해 사용하므로 저렴하게 이용할 수 있습니다. 전용 서버는 하나의 하드웨어를 점유해 사용하므로 비용은 공용 서버보다 비싸지만, 다른 이용자의 사용 상황에 좌우되지 않고 안정적으로 이용할 수 있습니다.

이와 비슷한 서비스로 VPS(Virtual Private Server, 가상 전용 서버)가 있습니다. 계약자별로 개별적인 가상 환경이 할당되고 자유롭게 소프트웨어를 추가하거나 설정을 변경할 수 있습니다. 임대 서버와 달리 계약자가 직접 서버 구축이나 운용을 담당해야 하지만, 여러 계약자가 하나의 하드웨어를 공유하므로 자사에서 전용 서버를 구축할 때보다 저렴하게 사용할 수 있습니다.

데이터 센터에 따라서는 임대 서버나 VPS를 호스팅(hosting)이라 부르며, 하우징이나 코로케이션 등의 서비스를 제공하기도 합니다.

하우징(Housing)은 계약자가 서버로 사용하는 기기를 직접 준비하고, 데이터 센터의 설비를 빌리는 서비스입니다. 건물이나 전원, 공조 장치와 같은 설비는 물론 시스템 감시 등의 운용 작업도 데이터 센터의 사업자에게 일임할 수 있어 구성이 자유로운 서버를 직접 만들고 싶을 때 선택지로 고려할 수 있습니다.

코로케이션(Co-location)은 하우징보다 규모가 크며 통신 사업자 등이 공동으로 데이터 센터를 사용하는 경우 등에 사용합니다. 하우징에서는 랙 단위로 설비를 사용하지만, 코로케이션에서는 공간을 빌려 해당 공간에 랙을 설치하는 규모가 됩니다.

각 차이를 그림 1-19와 같이 정리할 수 있습니다.

	호스팅		하우징	코로케이션
	임대 서버	VPS		
서버 기기 소유자	데이터 센터 사업자		계약자	
임대 단위	서버 영역	가상적인 서버	랙 단위	공간 단위
금액	저렴하다 ⬌			비싸다
운용 난이도	쉽다 ⬌			어렵다

그림 1-19 임대 서버와 VPS 비교

클라우드 서비스(SaaS, PaaS, IaaS)

임대 서버나 VPS는 고정된 월 비용으로 사업자가 준비한 하드웨어를 사용합니다. 하드웨어 성능이 정해져 있기에 일시적으로 접근 수가 급격하게 증가하면 서버가 다운될 가능성이 있습니다.

그래서 이용자가 이용하고자 하는 양과 기간에 따라 유연하게 하드웨어의 수나 성능을 바꾸면서 이용할 수 있는 서비스로 **클라우드 서비스(Cloud Service)**가 있습니다. 시스템을 이용한 시간이나 양에 따라 과금되므로(종량 과금), 평소에는 적은 수의 서버로 운용하고, 접근이 집중되었을 때는 자동적으로 서버 수를 늘리는 방식으로 사용할 수 있습니다.

클라우드 서비스라고 하면 일반적인 이용자가 이용하는 SaaS(Software as a Service)가 유명합니다. 웹 개발 등 전문적인 지식이 있는 엔지니어를 대상으로 하는 서비스로 PaaS(Platform as a Service)나 IaaS(Infrastructure as a Service) 등도 있습니다. 대표적인 클라우드 서비스에는 마이크로소프트가 제공하는 Azure나 구글이 제공하는 GCP(Google Cloud Platform), 아마존이 제공하는 AWS(Amazon Web Services) 등이 있습니다(표 1-2).

표 1-2: Azure, GCP, AWS가 제공하는 서비스

클라우드 서비스 (운용 소스)	Azure (Microsoft)	GCP (Google)	AWS (Amazon)
서버	Azure Virtual Machine 등	Compute Engine 등	Amazon EC2 등
스토리지	Azure Storage 등	Cloud Storage 등	Amazon S3 등
데이터베이스	Azure SQL Database 등	Cloud SQL 등	Amazon RDS 등
네트워크	Azure VNet 등	Cloud Virtual Network 등	Amazon VPC 등
DNS	Azure DNS	Cloud DNS	Amazon Route 53
빅데이터	Azure SQL Data Warehouse 등	BigQuery 등	Amazon Redshift 등
머신러닝	Azure Machine Learning 등	Cloud AutoML 등	Amazon Machine Learning 등

많은 클라우드 서비스에서는 웹 서버나 데이터베이스 서버, 머신러닝이나 IoT 등 폭넓은 서비스를 개별적으로 제공하는 것을 알 수 있습니다.

그 밖에 최근에는 Firebase와 같은 BaaS(Backend as a Service)나 mBaaS(mobile Backend as a Service)와 같은 서비스도 등장했습니다. 이러한 클라우드 서비

스는 종량 과금으로 사용할 수 있으므로 개인이라도 앱 애플리케이션 개발, 실행 환경으로 쉽게 사용할 수 있습니다.

하우징이나 호스팅과 클라우드 서비스가 제공하는 서비스를 종합해 보면 그림 1-20과 같습니다. 계약자와 사업자가 준비할 범위가 서로 다름을 알 수 있습니다.

계약자(이용자)가 준비				사업자(데이터 센터)가 준비	
하우징	호스팅	IaaS	PaaS	BaaS/mBaaS	SaaS
애플리케이션 (프론트엔드)	애플리케이션 (프론트엔드)	애플리케이션 (프론트엔드)	애플리케이션 (프론트엔드)	애플리케이션 (프론트엔드)	애플리케이션 (프론트엔드)
애플리케이션 (백엔드)	애플리케이션 (백엔드)	애플리케이션 (백엔드)	애플리케이션 (백엔드)	애플리케이션 (백엔드)	애플리케이션 (백엔드)
OS 등	OS 등	OS 등	OS 등	OS 등	OS 등
운용	운용	운용	운용	운용	운용
하드웨어	하드웨어	하드웨어	하드웨어	하드웨어	하드웨어
설비	설비	설비	설비	설비	설비

그림 1-20 계약자가 준비할 범위와 사업자가 준비할 범위

최근에는 AWS Lambda나 Cloud Functions 등의 서버리스(Serverless) 서비스도 등장하고 있습니다. 서버리스라고 해도 서버가 존재하지 않는 것이 아니라 서버 구축이나 관리가 필요하지 않은 서비스를 가리킵니다. 접근 수에 따라 비용을 생각할 필요는 있지만, 애플리케이션 개발자는 서버 부하 문제 등을 신경 쓰지 않으며 웹 애플리케이션을 개발할 수 있습니다.

Linux의 기본, 터미널 동작

웹 애플리케이션 개발에서는 아파치나 nginx 등이 도입된 웹 서버상에서 PHP 등의 프로그래밍 언어로 처리를 수행하는 사례가 많습니다. 각 제품 이름의 앞 글자를 따서 LAMP라 부르는 다음 구성이 유명합니다.

- OS: Linux
- 웹 서버: Apache

- 데이터베이스 서버: MySQL(MariaDB)
- 프로그래밍 언어: PHP나 Python

많은 웹 서버에서 사용되는 구성이므로 각 기술을 습득하는 것이 이상적이지만 이런 환경을 구축하기 위해서는 먼저 Linux(UNIX 계열 OS)에 관한 지식을 갖춰야 합니다.

Linux 환경을 만들 때 Windows 상에서 동작시키는 WSL(Windows Subsystem for Linux)을 이용해 간단하게 도입할 수 있습니다. macOS는 UNIX 기반이므로 표준 기능으로 탑재되어 있는 '터미널'이라는 애플리케이션에서 UNIX 명령을 실행할 수 있습니다.

여기에서는 Linux 등의 UNIX 계열 OS에서 사용하는 기본적인 명령을 소개합니다. 그림 1-21과 같은 터미널 화면이 열려 있는 상태에서 표 1-3의 명령을 시험해봅니다(실행 예에서 왼쪽 끝의 $ 마크를 제외한 부분을 입력합니다).

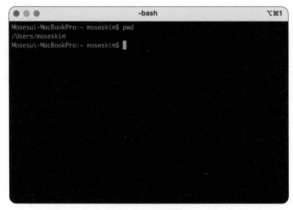

그림 1-21 터미널 예

표 1-3 UNIX 계열 OS에서 사용할 수 있는 명령 예

명령	처리 내용	실행 예
pwd	현재 디렉터리 위치 표시	$ pwd
ls	지정한 디렉터리의 파일 목록 표시	$ ls /home/
cd	지정한 디렉터리로 이동	$ cd /home

cat	파일 내용 표시(여러 파일을 결합)	$ cat /etc/passwd
touch	파일 작성(기존 파일은 타임스탬프를 업데이트)	$ touch test.txt
cp	파일 복사	$ cp test.txt test2.txt
mv	파일 이동	$ mv test.txt test3.txt
rm	파일 삭제	$ rm test3.txt

이와 같이 파일 작성이나 이동, 디렉터리 내 파일 표시 등을 명령어로 조작할 수 있습니다. 만약 파일 내용을 편집하고자 한다면 뒤에서 설명할 텍스트 에디터 등을 사용합니다. Linux에 관한 자세한 설명은 여러분께 맞는 책이나 자료를 참조하기 바랍니다.

CMS(WordPress 등)의 도입

웹 사이트 제작이나 웹 애플리케이션 개발에 흥미를 가지면 무엇이든 직접 만들고 싶어지겠지만, 이미 제공되는 구조를 사용함으로써 쉽게 구현할 수 있는 것도 있습니다. 예를 들어 일기와 같은 웹 사이트를 만드는 경우를 생각해봅니다.

일기의 업데이트 빈도가 적으면 웹 서버에 간단한 HTML 파일을 제공하기만 해도 충분합니다. 하지만 블로그와 같이 빈번하게 아티클을 게시해서 업데이트하고 싶은 경우, 캘린더를 표시해 각각의 아티클을 캘린더에 연결할 수 있으면 편리합니다. 그리고 아티클에 태그를 붙여 같은 태그의 아티클을 모아서 읽을 수 있는 기능이 있다면 편리할 것입니다.

아티클을 게시하는 많은 사람이 IT에 관해 해박하다고는 단정할 수 없으므로 HTML 파일을 작성하도록 요청할 수는 없으며, 해당 지식이 있더라도 게시할 때마다 링크를 업데이트하거나 HTML 파일을 업로드하도록 하는 것은 현실적이지 않습니다.

블로그와 같은 아티클을 게시하는 사이트를 만든다면 CMS(Contents Management System, 콘텐츠 관리 시스템)를 사용할 수 있습니다. 대표적인 CMS로는 WordPress, Movable Type, Drupal, concrete5 등이 있습니다.

CMS를 사용하면 초심자라도 블로그를 업데이트하는 감각으로 일기와 같은 서비스를 운용할 수 있습니다. 처음 설정만 할 수 있다면 다음은 템플릿을 설정하면 되며, 특별한 지식을 필요로 하지 않습니다. 앞에서 설명한 캘린더나 태그 기능을 제공하는 것은 물론, 게시하는 아티클의 글자 크기나 스타일, 이미지 삽입 등 문서 작성 소프트웨어와 같이 직관적인 조작으로 구현할 수 있는 것이 대부분입니다. 조직 내부의 승인 흐름을 제공하는 본격적인 것도 있습니다. 동적인 기능이 필요하지 않다면 이미 만들어져 있는 시스템을 도입하는 것이 개발비도 들지 않고, 빠른 기간에 릴리스할 수 있습니다.

단, 자유롭게 커스터마이즈하고 싶거나, EC 사이트와 같은 기능을 만들어 넣고 싶은 요청이 있는 경우에는 독자적인 애플리케이션을 개발하게 됩니다. 먼저 어떤 구성으로 만들 것인지에 관한 요건을 정의한 뒤, 웹 애플리케이션을 개발할지 여부를 판단합니다. 임대 서버를 계약하면 처음부터 CMS가 도입되어 있거나, 간단한 도입 기능을 제공하기도 합니다.

임대 서버와 클라우드는 어떻게 구분해서 사용할 수 있을까요?

제공하는 서비스의 내용에 따라 다르므로 한마디로 이야기할 수는 없습니다. 정적인 사이트라면 임대 서버를 사용해도 충분합니다.

어떠한 기준이 있나요?

운용 체제나 예산이 하나의 기준이 됩니다. 운용에 인원을 준비할 수 있는가, 막대한 접근이 있을 때 예산을 확보할 수 있는가와 같은 부분이 판단의 기준이 될 수 있습니다.

COLUMN 정적 사이트 제너레이터(SSG)와 헤드리스 CMS

블로그와 같이 아티클을 게시하는 웹 사이트에서는 WordPress 등의 CMS를 사용하는 방법이 있지만 동적으로 웹 페이지를 생성하면 접근 수가 증가했을 때 응답속도가 떨어집니다. 접근이 있을 때마다 프로그램을 실행하는데, 이 과정을 피할수가 없습니다. 그리고 CMS를 구성하는 소프트웨어에 취약성이 발견되면 공격 대상이 되는 것도 생각할 수 있습니다.

그래서 웹 서버상에서 웹 애플리케이션을 동작시키기보단 로컬 환경에서 프로그램을 실행해 HTML 파일을 생성하고, 해당 파일을 웹 서버상에 배치하는 방법이 있습니다. 이런 HTML을 생성하는 소프트웨어를 SSG(Static Site Generator, 정적 사이트 제너레이터)라 부릅니다. 대표적인 정적 사이트 제너레이터로 Hugo, Nuxt.js, Gatsby, Zola, Pelican 등의 제품이 있습니다.

SSG를 사용하면 블로그와 같이 날짜 링크나 태그 사이의 링크를 생성해줍니다. 업데이트한 파일을 웹 서버에 배치하기만 하면, 이용자가 봤을 때의 형태는 우리에게 익숙한 블로그의 모습과 다르지 않습니다.

웹 서버 측에는 단순한 HTML 파일이 있을 뿐이므로 접근 수가 증가해도 부하는 그렇게 많지 않습니다. 그리고 페이지 내용을 동적으로 생성하는 프로그램(CMS 등)이 존재하지 않으므로, 웹 서버 자체의 보안상 문제(취약성)를 노린 공격밖에 성립하지 않습니다.

같은 목적으로 헤드리스 CMS(Headless CMS)라는 방법도 자주 사용됩니다. WordPress 등의 CMS는 콘텐츠 관리뿐 아니라 일반적으로 디자인도 선택 가능하지만 본래의 용도는 콘텐츠 관리입니다. 즉, 디자인이나 서버 관리는 본래의 목적은 아닙니다.

헤드리스 CMS는 이름 그대로 '머리 부분이 없다'는 의미입니다. 이용자가 보는 형태에 관한 부분을 머리, 실제 처리에 관한 부분을 머리 아래쪽의 몸으로 보는 방법입니다. 형태, 즉 디자인 부분을 갖지 않는 CMS입니다.

전용 서버에서 콘텐츠를 관리하고 자바스크립트 등을 사용해 헤드리스 CMS 서버로부터 클라이언트 측의 처리를 통해 콘텐츠를 취득합니다. 형태에 관한 부분만을 웹 서버에서 표시함으로써 접근 집중 및 보안 관련 문제를 해소하면서 편리한 CMS 서비스로 콘텐츠를 관리할 수 있습니다(그림 1-22).

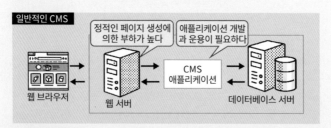
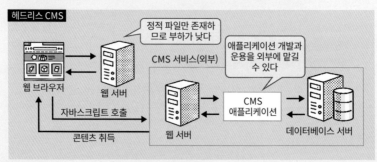

그림 1-22 CMS와 헤드리스 CMS

 권장 도서

그림으로 배우는 클라우드의 구조(쇼에이샤, 2020)(「図解まるわかりクラウドのしくみ」, 西村泰洋(著), 翔泳社, 2020年, ISBN978-4798166544)

개발 도구

손에 익숙한
도구가 올려주는
생산성

다양한 기술을 기반으로 웹 사이트나 웹 애플리케이션이 동작하는 사실을 알았습니다. 이 개발 순서에 관한 많은 서적이나 자료가 있으므로 이 책에서는 자세히 설명하지 않지만, 개발 시에 보다 좋은 개발 환경을 준비하는 자세가 웹 개발자에게 요구됩니다.

개발한 것을 실행하기 이전에 먼저 개발할 환경을 준비해야 합니다. 편리한 도구를 사용하지 않으면 개발 효율이 낮아지고, 품질에 문제가 발생할 수 있습니다. 웹 서버나 프로그래밍 언어 외에 어떤 소프트웨어를 도입하는 것이 좋은지, 어떻게 선택하면 좋은지, 각각의 특징에 관해 알아봅니다.

텍스트 편집기와 IDE

많은 프로그래머가 사용 중인 소프트웨어로 텍스트 편집기(Text Editor)가 있습니다. 프로그램의 소스 코드를 입력하는 것뿐이라면 문자를 입력하기만 해도 충분하므로 Windows라면 메모장 등의 소프트웨어로도 웹 애플리케이션을 개발할 수 있습니다. 하지만 전역 텍스트 편집기를 사용하면 HTML의 태그나 소스 코드의 예약어를 색상으로 표시(하이라이트)하거나, 프로그램 함수 이름 후보를 자동 완성해 주는 등 효율적인 입력이 가능합니다.

무료로 사용할 수 있는 대표적인 텍스트 편집기로 Visual Studio Code(이하 VSCode), Emacs, vi(Vim) 등이 있습니다. 그림 1-23은 VSCode 화면을 캡처한 것입니다. VSCode는 공식 사이트에서 다운로드해서 설치하기만 하면 됩니다. Windows나 macOS, Linux 등의 OS에서 실행할 수 있습니다.

그림 1-23 VSCode 화면

대규모의 웹 애플리케이션 개발 시에는 텍스트 편집기가 아닌 IDE(Integrated Development Environment, 통합 개발 환경)를 사용하기도 합니다. IDE는 소스 코드를 기술하기 위한 텍스트 편집기에 소스 코드를 프로그램으로 변환하는 컴파일러, 소스 코드에 포함된 오류를 조작하기 위한 디버거 등 프로그래밍에 편리한 도구를 하나로 모은 소프트웨어입니다.

만들고자 하는 소프트웨어의 종류나 실행 환경, 개발을 위탁하는 경우 해당 회사의 방침 등에 따라 사용하는 IDE가 달라집니다. 프로그래밍 언어에 따라 구분해서 사용하기도 합니다. C#의 경우 Visual Studio, 자바의 경우 Eclipse, PHP의 경우 PhpStorm 등을 사용하며, 유료 버전을 포함해 다양한 제품이 사용됩니다.

텍스트 편집기는 빠르게 기동하고 가볍게 동작하지만 많은 기능을 제공한다는 측면에서는 IDE의 손을 들어줄 수밖에 없습니다. IDE는 풍부한 기능이 있어 편리하지만 기동하는 데 시간이 걸리거나 익숙하게 사용하기까지 시간이 소요됩니다. 개발하는 애플리케이션의 규모나 종류, 주변 환경에 맞춰 선택합니다.

웹 브라우저

PC나 스마트폰에는 Windows에는 에지, macOS에는 사파리, 안드로이드의 경우에는 크롬 등의 웹 브라우저가 표준 설치되어 있습니다. 웹 사이트나 웹 애플리케이션을 공개하는 경우, 이 웹 브라우저에서 올바르게 표시되는지 확인해야 합니다.

또한 웹 사이트는 어떤 단말에서 열람되는지 알 수 없습니다. 단말에 따라 OS, 웹 브라우저 등에서 화면 크기가 다르고 레이아웃이나 폰트 등의 디자인이 보이는 형태가 개발자의 의도와 다르기도 합니다.

콘텐츠 송신이 잘못되더라도 콘텐츠 자체가 표시된다면 큰 문제가 되지 않겠지만, 콘텐츠가 표시되지 않거나 프로그램을 실행할 수 없는 문제가 발생할 수도 있습니다. 웹 브라우저에 따라 에러가 표시되거나, 링크나 버튼을 눌러도 화면이 넘어가지 않기도 합니다.

Windows와 macOS에서는 탑재되어 있는 폰트가 서로 다르기에 지정한 영역에 콘텐츠가 다 들어가지 않거나, 디자인의 통일감이 깨지는 문제도 발생합니다.

개발자는 이러한 문제를 남긴 채로 릴리스하지 않게끔 여러 웹 브라우저상의 표시나 동작을 확인해야 합니다. 대표적인 웹 브라우저에서 확인한 후, 가능하다면 화면 크기가 다른 PC, 태블릿, 스마트폰 등에서도 확인합니다.

웹 브라우저상 표시를 효율적으로 확인하기 위해 웹 브라우저가 제공하는 개발자 도구에 관해 알아 두면 편리합니다. 크롬의 경우 Chrome DevTools(그림 1-24), 사파리의 경우 웹 인스펙터(Inspector)가 이에 해당합니다. 두 도구 모두 Windows에서라면 'Ctrl + Shift + I', macOS에서라면 'command + option + I'를 눌러 열 수 있습니다.

그림 1-24 Chrome DevTools 화면

개발자 도구에서는 열려 있는 웹 페이지의 HTML 소스 코드는 물론 자바스크립트 에러 여부, CSS 설정 등을 확인할 수 있습니다.

크롬의 DevTools에서 'Toggle Device Toolbar', macOS의 사파리에서 '개발자용' 메뉴에서 '응답형 디자인 모드 시작' 메뉴를 선택하면 다양한 단말에서 표시되는 화면을 확인할 수 있습니다(그림 1-25).

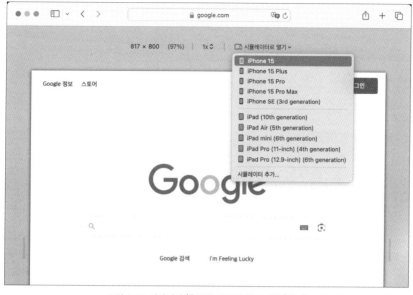

그림 1-25 사파리의 '응답형 디자인 모드 시작'의 예

이렇게 여러 웹 브라우저에서의 표시 여부를 확인할 수 있는 편리한 도구도 등장했습니다. 하지만 되도록 여러 실제 단말에서 의도한 대로 표시되는지를 확인합시다.

웹 프레임워크

웹 애플리케이션을 개발할 때, 최근에는 소스 코드를 처음부터 입력해 작성하는 경우는 거의 없습니다. 많은 웹 애플리케이션에는 입력 폼이나 목록 화면, 로그인 처리 등 공통된 기능이 있으며, 데이터베이스에 데이터를 저장할 때의 CRUD(Create, Read, Update, Delete: 만들기, 읽기, 업데이트하기, 삭제하기)라는 기본적인 사고방식도 같습니다.

이런 전형적인 처리를 모은 툴이 웹 프레임워크(웹 애플리케이션 프레임워크)로, 각 프로그래밍 언어에 맞는 웹 프레임워크가 개발되어 있습니다. PHP의 경우 라라벨(Laravel)이나 CakePHP, 파이썬의 경우 장고(Django)나 플라스크(Flask), 루비의 경우 루비 온 레일즈(Ruby on Rails), 자바의 경우에는 스트럿츠(Struts)나 스프링 프레임워크(Spring Framework) 등이 있습니다.

이 웹 프레임워크들을 사용하면 사전에 제공되는 처리를 실행하는 것만으로 기능을 어느 정도 구현할 수 있습니다. 예를 들어 루비 온 레일즈(Ruby on Rails)에서는 scaffold라는 명령이 있습니다. 루비 온 레일즈를 설치한 뒤 다음 명령을 실행하기만 해도 그림 1-26과 같은 ToDo 리스트를 작성하고 등록, 업데이트, 삭제와 같은 기능을 구현할 수 있습니다.

```
$ rail new todo_app              <-- 애플리케이션 작성
$ cd todo_app                    <-- 애플리케이션 디렉터리로 이동
$ rails g scaffold todo title:string  <-- scaffold로 자동 생성
$ rails s                        <-- 서버 기동
```

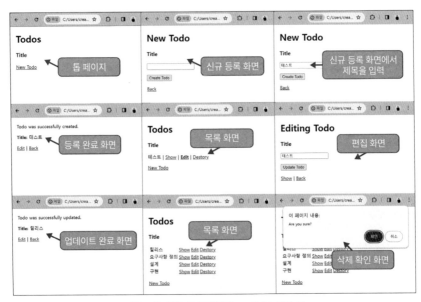

그림 1-26 루비 온 레일즈의 scaffold 실행 예

오늘날 많은 웹 애플리케이션은 특정한 웹 프레임워크를 사용해서 개발되고 있습니다.

웹 프레임워크는 이면에서 무엇을 하는지 알 수 없습니다. 초심자는 토대부터 만드는 편이 학습이 되리라 생각합니다. 웹 프레임워크를 사용하는 편이 좋을까요?

웹의 구조나 프로그램 언어를 확실히 이해하기 위해 처음부터 개발하는 방법도 있습니다. 하지만 우선 웹 프레임워크로 동작하는 것을 만들고, 성공 경험을 얻는 것도 중요합니다.

그렇군요. 어려움 때문에 좌절하기보단 우선 동작하는 것을 만들 수 있으면 동기도 높아질 것 같습니다.

 권장 도서

움직이며 배운다! 라라벨 개발 입문(NEXT ONE)(쇼에이샤, 2021)(『動かして学ぶ!Laravel 開発入門(NEXTONE)』, 山崎大助(著), 翔泳社, 2021年, ISBN978-4798168654)

개발 중인 로컬 PC에서 웹 애플리케이션의 동작을 확인하고 싶다면 PHP나 루비 등의 프로그래밍 언어나 아파치, nginx 등의 웹 서버, MySQL 등의 데이터베이스를 설치해야 합니다. 이때 실제로 동작하는 웹 서버와 같은 버전의 환경뿐 아니라, 프로그래밍 언어나 웹 서버 등의 버전 업데이트에 대응하기 위해서는 여러 버전의 환경을 준비해야 합니다.

이때 VirtualBox나 VMware 등의 가상화 소프트웨어를 사용한 호스트 OS 타입의 가상 머신을 준비하는 방법이 있습니다. 하지만 가상 머신 안에서 OS를 기동해야 하며, 실행에 시간이 걸리거나 메모리를 대량으로 소비하기도 합니다. 그렇다 보니 도커나 containerd 등의 컨테이너 타입 가상 환경을 도입하는 경우가 늘어나고 있습니다(그림 1-27).

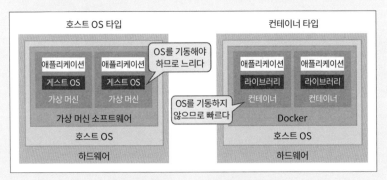

그림 1-27 **호스트 OS 타입과 컨테이너 타입**

컨테이너 타입 가상 환경은 빠르게 기동할 뿐만 아니라 텍스트 형식으로 작성한 설정 파일을 이용해 간단하게 환경을 구축할 수 있으므로, 실제로 동작하는 환경과 같은 버전에 맞춘 환경을 구축하거나, 여러 버전의 환경을 편리하게 관리할 수 있습니다.

2

웹 사이트 구성

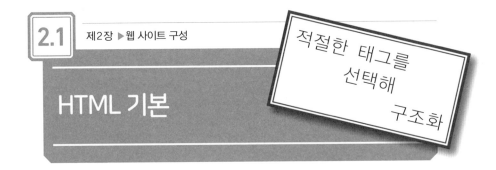

2.1

HTML 기본

적절한 태그를
선택해
구조화

웹 사이트를 제작할 때는 HTML이라는 언어를 사용합니다. 웹 개발자라면 기본적인 HTML 구문을 이해하고 있는 것이 바람직합니다. HTML을 프로그램에서 생성하거나, 프로그램으로 수정해 웹 애플리케이션을 편리하게 개발할 수 있습니다. HTML을 구성하는 기본적인 요소와 HTML을 프로그램으로 어떻게 조작하는지 알아봅니다.

▌태그

웹 사이트를 제작할 때는 HTML(Hypertext Markup Language)이라는 언어를 사용합니다. '하이퍼텍스트'라는 문서를 연결 짓는 구조를 기술하고, '마크업'을 이용해 문서의 구조를 컴퓨터가 인식할 수 있게 하는 언어입니다.

HTML에서는 이 구조를 지정하기 위해 태그(Tag)라는 표기법을 사용합니다. 예를 들어 그림 2-1의 왼쪽과 같은 HTML 파일을 텍스트 편집기 등에서 작성하고, 그 파일을 웹 브라우저에서 열면 그림 2-1의 오른쪽과 같이 표시됩니다. 이때 <title>과 </title>로 감싼 부분이 페이지의 타이틀, <h1>과 </h1>로 감싼 부분이 제목이라는 의미입니다. 이 title이나 h1을 태그 이름이라 부릅니다.

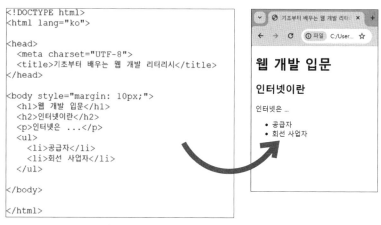

그림 2-1 HTML과 웹 브라우저에서의 표시(재게시)

태그로 콘텐츠를 감쌀 때 `<title>`과 같이 태그 이름을 '<'과 '>'로 감싼 것을 시작 태그, `</title>`과 같이 태그 이름 앞에 '/'를 붙여서 '<'과 '>'로 감싼 것을 종료 태그라 부릅니다. 그리고 시작 태그와 종료 태그, 그 사이의 콘텐츠를 포함해 요소(Element)라 부릅니다(그림 2-2).

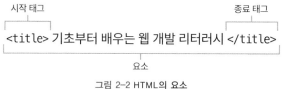

그림 2-2 HTML의 요소

요소에는 속성(Property) 정보를 추가할 수 있으며, 시작 태그 안에 지정합니다. 하나의 시작 태그에 여러 속성을 지정할 수 있습니다. 태그 이름과 속성 사이, 속성과 속성 사이에 스페이스나 줄 바꿈을 넣고, 속성 이름에 이어서 해당 속성의 값을 지정합니다. 예를 들어 그림 2-3과 같이 큰따옴표(작은따옴표도 사용할 수 있음)으로 감싸고, 속성 이름과 값을 '='으로 연결해서 표현합니다.

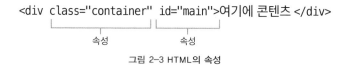

그림 2-3 HTML의 속성

하나의 속성에 여러 값을 할당할 때는 속성 값을 스페이스로 구분해서 지정합니다(그림 2-4).

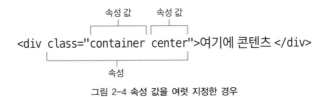

그림 2-4 속성 값을 여럿 지정한 경우

기본적으로는 시작 태그와 종료 태그의 쌍이 하나의 요소에 대응하고, 그 사이에 콘텐츠가 들어갑니다. 하지만 종료 태그가 필요 없을 때도 있으며, 이런 요소를 빈 요소(Empty Element)라 부릅니다. 예를 들어 이미지를 삽입하고 싶다면 img 태그를 사용해 그림 2-5와 같이 지정합니다.

<img src="logo.png" alt=로고"> ◀── 종료 태그는 필요 없음

그림 2-5 종료 태그가 없는 예

src 속성에 파일 이름("logo.png")을 지정하고 alt 속성에 대체 텍스트("로고")를 지정했습니다. 대체 텍스트는 눈이 보이지 않는 사람들을 위해 음성으로 읽어주거나, 웹 브라우저에서 이미지를 표시하지 않도록 설정했을 때 어떤 이미지인지를 텍스트를 나타내고자 사용합니다.

웹 사이트에 이미지를 배치할 때 JPEG나 PNG, GIF와 같은 파일 형식을 사용합니다. iOS에서는 표준 이미지 파일 형식이 HEIF(HEIC)지만, 표준 Windows PC에서는 표시되지 않기에 JPEG 등으로 변환해서 사용합니다. 최근에 등장한 WebP와 같은 포맷이 사용되기도 합니다(표 2-1).

표 2-1 이미지 파일 형식

파일 형식	주요 용도	특징
BMP	Windows에서의 이미지 저장	파일 크기가 크기 때문에 웹에서는 거의 사용하지 않는다.
JPEG	사진 등	압축률을 높이면 화질이 떨어지지만, 파일 크기를 줄일 수 있다.
PNG	일러스트나 로고 등	풀 컬러로 표현할 수 있으며, 압축에 의한 품질 저하가 적다.

GIF	일러스트나 로고, 애니메이션 등	256색 이하의 이미지에서 사용되며, 적은 색으로 표현할 수 있는 일러스트에서 파일 크기를 줄일 수 있다. 애니메이션에서 자주 사용된다.
HEF(HEIC)	iOS에서의 사진 등	압축률이 높고 화질도 좋아 iOS의 카메라 애플리케이션에서 주로 사용되지만, 대응하는 기종이 적고 웹에서는 사용할 수 없다.
WebP	사진, 일러스트, 로고 등	JPEG과 PNG를 대체할 것이라고 여겨지는 새로운 형식. 애니메이션에도 대응하며 이후 보급이 기대된다.
ICO	아이콘	웹 브라우저의 북마크나 데스크톱의 바로 가기 등을 작은 이미지로 구분하기 위해 사용한다.

동영상을 웹 사이트로 전송할 때는 MP4를 필두로 하는 압축된 형식으로 공개하는 방법을 생각할 수 있습니다. 단, 동영상은 파일 크기가 크기 때문에 서버 디스크 용량을 많이 소비하고, 서버의 CPU 부하도 높아집니다. 그렇기에 웹 서버 안에서 전송하는 것보다 유튜브(YouTube) 등의 동영상 공개 사이트에 업로드하고, 동영상 링크를 페이지 안에 삽입하는 방법도 자주 사용합니다.

▌하이퍼링크

문서와 문서를 연결하는 것을 하이퍼링크(Hyperlink)라 부릅니다. HTML에서 하이퍼링크를 작성할 때는 a라는 태그를 사용해 링크 대상 문서의 URL을 속성으로 지정합니다. 예를 들어 정보문화사의 톱 페이지 링크를 작성하려면 다음과 같이 표현합니다.

```
<a href="http://www.infopub.co.kr/index.asp">정보문화사</a>
```

이렇게 작성된 HTML을 웹 브라우저에서 열면 '정보문화사'라는 문자가 하이퍼링크가 되고, 마우스로 클릭하면 정보문화사 웹 사이트의 톱 페이지로 이동할 수 있습니다.

위에서 href라는 속성으로 URL을 지정해서 외부 사이트로 이동했습니다. 같은 웹 서버 안에 배치되어 있는 파일이라면 그 위치를 나타내는 '경로'를 지정할 수도 있습니다.

'경로' 지정 방법에는 '절대 경로'와 '상대 경로'가 있습니다.

- 절대 경로: 계층 구조의 꼭대기를 기준으로 위치 관계를 나타낸다.
- 상대 경로: 현재 파일의 위치를 기준으로 위치 관계를 나타낸다.

'www.example.com'라는 웹 서버에서 인터넷에 공개되어 있는 파일이 그림 2-6과 같은 디렉터리 구성으로 배치되어 있다고 가정해봅니다. 이때 그림의 '/product/index.html'이라는 HTML 파일로부터 같은 서버의 다른 디렉터리에 있는 파일로 하이퍼링크를 작성한다고 가정합니다. 예를 들어 '/company/about.html'이라는 파일을 절대 경로와 상대 경로로 지정해봅니다.

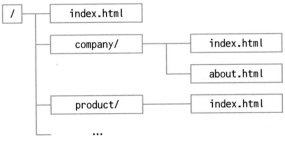

그림 2-6 디렉터리 계층 구조

절대 경로에서는 위치를 어떤 파일로부터 지정하든 '/company/about.html'이라 지정합니다. 여기에서 맨 앞의 '/'를 루트 디렉터리라 부르며, 공개 디렉터리의 최상위 디렉터리를 의미합니다. 구체적으로는 다음과 같이 지정합니다.

```
<a href="/company/about.html">회사 소개</a>
```

그리고 위의 href 속성에 지정한 내용을 '라우팅 경로'라 부르며, 다음과 같이 URL 전체를 이용해 지정하는 것을 절대 경로라 부르기도 합니다.

```
<a href="https://www.example.com/company/about.html">회사 소개</a>
```

한편 상대 경로를 이용해 '/product/index.html'이라는 파일에서 '/company/about.html'을 지정할 때는 '../company/about.html'과 같이 작성합니다.

맨 앞의 '..'를 이용해 상위 디렉터리를 지정하는 방법입니다. 즉, 'product'라는 디렉터리의 상위 디렉터리로 이동하고('/'), 그 안의 'company'라는 디렉터리 내 'about.html'이라는 파일을 지정하는 것을 의미합니다. 구체적으로는 다음과 같이 지정합니다.

```
<a href="../company/about.html">회사 소개</a>
```

마찬가지로 이미지를 표시할 때도 경로를 지정해야 합니다. 이미지를 표시할 때는 img 요소를 이용하며 이때의 src 속성을 다음과 같이 절대 경로나 상대 경로로 지정합니다.

```
<img src="/product/image.png" alt="상품 이미지">
<img src="../image.png" alt="상품 이미지">
```

절대 경로를 사용하면 해당 파일이 어디에 있는지 누구든 쉽게 알 수 있지만, 긴 경로를 적는 데 수고가 듭니다. 그리고 개발 중인 로컬 환경과 인터넷상에 공개중인 웹 서버 환경에서 디렉터리 구조가 다르면 로컬 환경에서 링크를 클릭했을 때 이동 여부를 확인할 수 없다는 단점도 있습니다. 도메인을 포함해 링크를 지정한 경우, 도메인을 변경하면 모든 파일의 링크를 수정해야 합니다.

그래서 많은 경우 상대 경로를 사용합니다. 웹 서버를 실행하지 않은 로컬 환경에서도 링크를 확인할 수 있고, 적어야 할 경로 양이 적다는 장점도 있습니다.

▍블록 요소와 인라인 요소

HTML은 버전 1.0에서 2.0, 3.0과 같이 순서대로 버전이 업데이트되었습니다. HTML 5.2 이후에는 HTML Living Standard라는 사양이 결정되었습니다. 이전 버전에서 작성된 HTML을 새로운 웹 브라우저에서도 표시할 수 있도록, 브라우저에 따라서는 호환 모드도 제공합니다.

인터넷상에는 오래된 버전에서 작성된 HTML 파일이 많이 남아 있습니다. 여기에서는 HTML 5 이전의 파일과의 차이에 관해 설명합니다. 포인트는 HTML 요소가 블록 요소와 인라인 요소로 나눠진다는 점입니다(표 2-2).

표 2-2 블록 요소와 인라인 요소 예

주요한 블록 요소	설명	주요한 인라인 요소	설명
h1, h2, h3, …, h6	제목(header)	a	링크(anchor)
div	범용적인 블록(division)	img	이미지(image)
p	단락(paragraph)	input	입력 필드
table	표	strong	강조

블록 요소(Block Element)는 제목이나 단락 등 문서를 구성하는 덩어리가 되는 요소를 가리킵니다. 일반적인 웹 브라우저에서는 블록 요소의 앞뒤에 줄바꿈이 들어가 표시됩니다.

한편 인라인 요소(Inline Element)는 블록 요소 안쪽에서 사용되어 문장의 일부를 구성합니다. 예를 들어 문장 안에서 일부 문자를 강조하거나, 일부 문자에 링크를 연결하거나, 이미지를 넣는 것 등이 모두 인라인 요소입니다.

오래된 HTML에서는 블록 요소 안에 블록 요소나 인라인 요소를 배치하고 그림 2-7과 같이 페이지를 구성한 경우가 많습니다.

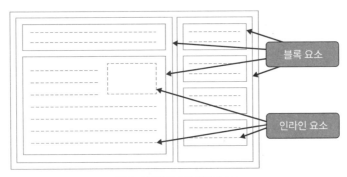

그림 2-7 블록 요소와 인라인 요소

하지만 HTML 5 이후에는 이런 구분 방법이 없어지고, HTML로 문서의 '구조'를 작성하는 콘텐츠 모델이라는 사고방식이 등장했습니다. 구조란 문서의 뼈대를 가리킵니다. HTML은 하나의 파일에 타이틀이나 제목, 문장뿐 아니라 회사의 로고나 다른 페이지로 연결되는 링크(내비게이션), 광고 등 다양한 요소가 포함되어 있습니다.

콘텐츠를 중심으로 생각하면 웹 페이지 안의 로고 위치, 다른 페이지로 연결되는 링크의 위치, 광고가 표시된 위치 등은 본래의 콘텐츠와는 관계가 없습니다. 관리자나 이용자, 그리고 웹 브라우저상에서 알기 쉽도록 문서를 구조화하자는 것이 콘텐츠 모델의 사고방식입니다.

예를 들어 표 2-3과 같이 태그가 분류되어 있습니다.

표 2-3 콘텐츠 모델에서의 태그 대응

종류	설명	구체적인 태그
Metadata	다른 문서와의 관계 등을 설정하는 요소	title, meta, link, script, style 등
Flow	문장에서 사용하는 대부분의 요소	a, blockquote, br, div, form, h1, h2, h3, p, ol, ul, table 등
Sectioning	헤더나 푸터, 본문 등의 범위를 지정하는 요소	article, nav, section 등
Heading	섹션 제목을 설정하는 요소	h1, h2, h3, hgroup 등
Phrasing	텍스트 등을 단락 내부 수준에서 마크업하는 요소	b, i, img, u, span 등
Embedded	다른 콘텐츠를 삽입하는 요소	audio, img, video 등
Interactive	이용자와 대화하는 요소	button, label, textarea 등

이 표를 보면 알 수 있듯 태그들이 중복되어 있습니다. 태그 분류를 그림으로 나타내면 그림 2-8과 같이 겹쳐져 있는 것을 알 수 있습니다.

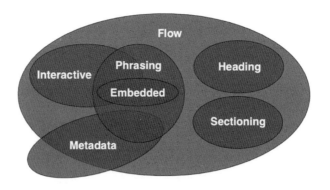

그림 2-8 콘텐츠 모델에서의 분류[1]

이 분류는 각 태그들이 어떤 구조를 나타내는지를 의미합니다. 예를 들어 다음 예에서는 링크가 제목이나 이미지 등의 요소를 포함하고 있습니다. 이렇게 하나의 링크로도 표현할 수는 있지만 문서 구조로서는 적절하지 않다고 말할 수 있습니다.

```html
<section>
  <a href="link.html">New!
  <h1>신상품 알림</h1>
  <img src="image.png" alt="신상품">다음 주 발매됩니다!</a>
</section>
```

다음과 같이 바꾸면 코드의 양은 늘어나지만, 링크가 필요 없는 위치가 명확해지고 단락의 의미도 쉽게 알 수 있게 됩니다.

CSV 파일의 예

```html
<section>
  <a href="link.html">New!</a>
  <h1><a href="link.html">신상품 알림</a></h1>
  <a href="link.html"><img src="image.png" alt="신상품"></a>
  <a href="link.html">다음 주 발매됩니다!</a>
</section>
```

---

1 출처: 'HTML Living Standard' 3.2.5.2 Kinds of content에서 인용.
https://html.spec.whatwg.org/multipage/dom.html#kinds-of-content

물론 본문을 블록 요소나 인라인 요소를 조합해 기술하는 근본적인 부분은 다르지 않습니다. 문서의 골격이 되는 구조를 생각하는 것이 중요합니다. HTML에서 사용할 수 있는 태그는 이외에도 많으므로 다른 서적이나 자료를 참고하기 바랍니다.

▌DOM

HTML은 여러 요소를 조합해 구성되어 있으며 웹 페이지의 요소 간 관계를 정리하면 그림 2-9와 같은 트리 구조로 표현할 수 있습니다.

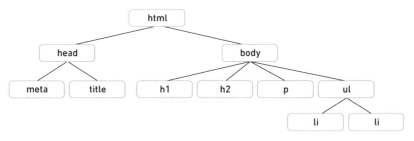

그림 2-9 트리 구조를 이용한 HTML 표현

이렇게 요소 사이의 관계를 트리 구조로 표현하면 웹 브라우저에서 표시되었을 때 요소 사이의 관계를 쉽게 알 수 있습니다. 또한 프로그램에 따라 요소를 조작하고, 웹 페이지의 내용을 동적으로 바꿔 쓸 수 있습니다.

요소의 내용을 변경하거나 새롭게 요소를 추가하거나 기존의 요소를 삭제함으로써 페이지의 내용을 실시간으로 변화시킬 수 있습니다. 이를 구현하기 위해 웹 브라우저가 제공하는 구조로 DOM(Document Object Model)이 있습니다.

DOM에서는 HTML의 요소를 노드 또는 엘리먼트라 부르며 한 노드의 상위 노드를 부모 노드, 하위 노드를 자식 노드라 부릅니다. 노드에 대한 처리를 프로그램으로 실행함으로써 웹 브라우저상에서 입력 필드에 입력된 값을 체크하거나, 표에 행을 추가하거나, 이미지를 바꾸는 등의 조작을 할 수 있습니다(그림 2-10).

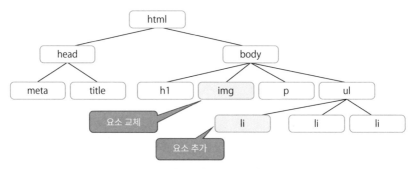

그림 2-10 DOM을 이용한 HTML 트리 구조의 조작

웹 브라우저상에서 DOM을 조작하는 프로그래밍 언어로는 자바스크립트를 주로 사용합니다. 자바스크립트는 대부분의 웹 브라우저에서 실행 가능하기에 웹 브라우저의 표준적인 프로그래밍 언어로서 채용되었습니다.

예를 들어 다음과 같은 HTML 파일(copy.html)과 자바스크립트 파일(copy.js)을 준비합니다. HTML 파일의 body 요소의 가장 마지막에서 자바스크립트 파일을 읽거나, copy.js에서는 입력 필드의 금액을 바꿀 때마다(키보드의 키를 눌렀다 뗄 때마다) 3자리씩 쉼표 구분자로 변환된 값으로 copy.html의 요소를 바꿔 입력 필드 아래에 표시합니다(그림 2-11).

copy.html

```html
<!-- copy.html -->
<!DOCTYPE html>
<html lang="ko">

<head>
  <meta charset="UTF-8">
  </title>Copy text</title>
</head>

<body>
  <input type="text" id="price" placeholder="금액">
  <div id="result"></div>
  <script src="copy.js"></script>    <!-- copy.js 읽기 -->
</body>
</html>
```

```js
// copy.js
let price = document.getElementById("price");
let result = document.getElementById("result");
price.onkeyup = function () {
  result.innerText = parseInt(price.value).toLocaleString();
}
```

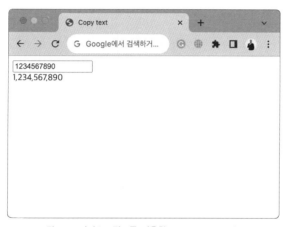

그림 2-11 **자바스크립트를 이용한 HTML 요소 조작 예**

이 프로그램에서는 getElementById라는 함수에서 HTML 파일에 작성된 요소의 id 속성 값을 지정해 그 요소를 불러옵니다. 그리고 금액 입력 필드에서 키를 눌렀다 뗐을 때 금액 입력 필드에 입력된 값을 얻어 정수로 변환하고, 그 값을 쉼표로 구분된 문자열로 바꿔 결과를 표시합니다.

이렇게 DOM을 사용하면 이용자의 조작에 맞춰 HTML의 내용을 바꿔 쓸 수 있습니다. 당연히 입력 내용을 체크해서 메시지를 출력할 수도 있고, 웹 서버와 통신할 수도 있습니다.

입력 내용은 서버 측에서도 체크가 가능합니다. 웹 브라우저 측에서 체크할 때의 장점은 무엇인가요?

통신을 하지 않고도 체크할 수 있으므로 이른 단계에서 확인할 수 있고, 서버 측의 부하를 줄일 수도 있습니다.

반대로 단점은 무엇인가요?

웹 브라우저 측에서 체크를 했다고 해서 서버 측의 체크가 필요하지 않은 것은 아닙니다. 서버 측에서도 체크하기 때문에 체크 처리를 이중으로 구현하는 것은 비용 측면에서 단점이라고 할 수 있습니다.

 권장 도서

술술 이해되는 HTML & CSS의 기본 2판(SB크리에이티브, 2018)(『スラスラわかるHTML&CSSのきほん第2版』, 狩野祐東(著), SBクリエイティブ, 2018年, ISBN978-4797393156)

CSS 기본

같은 문장이라도
디자인을 바꾸면
다른 사이트

HTML에서는 문서의 구조를 표현하는 것뿐만 아니라 디자인도 지정할 수 있습니다. 여러 페이지로 구성된 웹 사이트에서는 통일감을 가진 디자인을 확보하기 쉬운 형태로 관리하기 위해 CSS를 이용합니다. CSS의 사고방식과 작성 방법을 알아봅시다.

구조와 스타일 분리

HTML에서 문자 크기나 색상 등 폰트를 지정할 때는 font 태그를 사용합니다. '`<font size="7" color="red">`큰 빨간색 문자`<font>`'와 같이 size 속성으로 문자 크기, color 속성으로 문자 색을 지정합니다. 크기와 색을 속성으로 지정하면 font 요소 안의 문자를 큰 빨간색으로 표시할 수 있습니다.

이처럼 속성을 지정하면 간단하고 편리하지만 제목과 같이 문장 안에 여러 차례 등장하는 문자의 스타일을 통일하려면 모든 font 요소의 속성을 관리해야 합니다. 여러 페이지에 걸쳐 지정하면 모든 파일을 변경해야 합니다. font 요소 지정이 모든 제목에 대한 스타일이라면 일괄적으로 변환할 수 있겠지만, 같은 스타일이 본문 강조와 같은 다른 문자의 폰트에 사용되었을 가능성이 있으므로 일괄 변환은 위험합니다(그림 2-12).

```html
<!-- font_style.html -->
<!DOCTYPE html>
<html lang="ko">

<head>
  <meta charset="UTF-8">
  <title>샘플</title>
</head>

<body>
  <p>
    <font size="7" color="red">제목 1</font>
  </p>
  <p>
    Lorem ipsum dolor sit amet, consectetur adipiscing elit,
    sed do eiusmod tempor incididunt ut labore et dolore
    magna aliqua.
  </p>
  <p>
    <font size="7" color="red">제목 2</font>
  </p>
  <p>
    Lorem ipsum dolor sit amet, consectetur adipiscing elit,
    sed <font size="7" color="red">do</font> eiusmod tempor
    incididunt ut labore et dolore magna aliqua.
  </p>
</body>
```

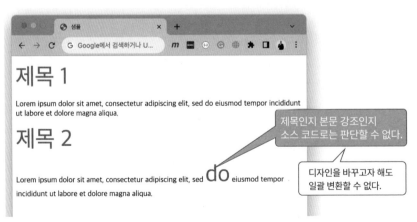

그림 2-12 같은 스타일이 여러 차례 사용되는 예(font_style.html)

따라서 웹 페이지를 작성할 때는 일반적으로 구조와 스타일을 분리해서 관리합니다. 예를 들어 HTML 태그에서는 h1(제목), em(강조)과 같은 구조를 작성하며, 크기나 색 등의 지정은 스타일 시트에 작성합니다.

font_style_css.html

```
<!-- font_style_css.html -->
<!DOCTYPE html>
<html lang="ko">

<head>
  <meta charset="UTF-8">
  <title>샘플</title>
  <link rel="stylesheet" href="font_style.css">
</head>

<body>
  <h1>제목 1</h1>
  <p>
    Lorem ipsum dolor sit amet, consectetur adipiscing elit,
    sed do eiusmod tempor incididunt ut labore et dolore
    magna aliqua.
  </p>
  <h1>제목 2</h1>
  <p>
    Lorem ipsum dolor sit amet, consectetur adipiscing elit,
    sed <em>do</em> eiusmod tempor
    incididunt ut labore et dolore magna aliqua.
  </p>
</body>
```

h1이라는 요소에 대한 '큰 빨간색 문자로 표현한다'는 지정은 스타일 시트에서 다음과 같이 작성합니다. 이제 제목의 크기와 색을 바꾸고 싶다면 이 스타일 시트를 변경하기만 하면 됩니다.

```css
/* font_style.css */
h1 {
  font-size: 50px;
  color: red;
  font-weight: normal;
  margin: 0px;
}

em {
  font-size: 50px;
  color: red;
  font-style: normal;
}
```

웹 사이트를 구성하는 HTML 파일에서 이 스타일 시트를 읽을 수 있도록 하면 스타일 시트만 변경함으로써 모든 제목의 크기나 색 등의 요소 디자인을 바꿀 수 있습니다.

웹 브라우저에서 표시하는 HTML의 디자인을 바꾸는 스타일 시트의 작성에 사용되는 것이 CSS입니다.

CSS 작성 방법

CSS(Cascading Style Sheets)를 이용해 요소의 스타일을 지정하는 방법은 크게 다음 3가지로 나눌 수 있습니다.

- HTML 태그 안에 작성하는 방법
- HTML 파일 앞에서 페이지의 요소에 대한 스타일을 지정하는 방법
- 외부에서 작성한 CSS 파일을 HTML 파일의 head 요소에서 읽는 방법

첫 번째는 CSS로 지정하는 내용을 HTML 태그 안에 작성하는 방법입니다. 예를 들어 '<h1 style="text-size: large; color: red">큰문자</h1>'과 같이 'style'이라는 속성 안에 지정하면 커다란 빨간색 문자로 표시됩니다. 이 요소 이름(h1)을 보면 제목임을 알 수 있지만, 이것만으로는 구조와 스타일을 분리할 수 없습니다. 같은 스타일이 여러 위치에 있으면 모든 HTML 파일을 변경해야 합니다.

두 번째는 HTML 파일 앞에서 페이지의 요소에 대한 스타일을 지정하는 방법입니다. 예를 들어 head 요소 안에서 다음과 같이 style 요소를 지정합니다. 이 HTML 파일에 h1 요소가 여럿이더라도 모두 같은 디자인으로 표시할 수 있습니다. 단, HTML 파일이 여럿인 경우에는 각 파일에서 동일하도록 지정해야 하며, 변경이 발생하면 모든 HTML 파일을 변경해야만 합니다.

header_style.html

```html
<!-- header_style.html -->
<!DOCTYPE html>
<html lang="ko">

<head>
  <meta charset="UTF8">
  <title>HOME</title>
  <style>
  h1 {
    text-size: large;
    color: red;
  }
  </style>
```

```
</head>

<body>
  <h1>회사 정보</h1>
  <p>본문 1</p>
  <h1>상품 정보</h1>
  <p>본문 2</p>
</body>

</html>
```

세 번째는 외부에 작성한 CSS 파일을 HTML 파일의 **head** 요소 내에서 읽는 방법입니다. 위 **style** 요소에 지정한 내용을 별도의 CSS 파일로 준비한 후, 각 HTML 파일에서 이 CSS 파일을 읽습니다. 예를 들어 다음과 같이 작성하면 위와 동일하게 표시됩니다.

sample.css

```css
/* sample.css */
h1 {
  text-size: large;
  color: red;
}
```

sample.html

```html
<!-- sample.html -->
<!DOCTYPE html>
<html lang="ko">

<head>
  <meta charset="UTF8">
  <title>HOME</title>
  <link rel="stylesheet" href="sample.css">
</head>

<body>
  <h1>회사 정보</h1>
  <p>본문 1</p>
  <h1>상품 정보</h1>
  <p>본문 2</p>
```

```
</body>

</html>
```

여러 HTML 파일이 있더라도 각 HTML 파일의 **head** 요소 안에서 스타일 시트를 읽으면 CSS 파일을 수정하는 것만으로 각 페이지의 디자인을 바꿀 수 있습니다.

웹 페이지의 구조에 따라 단일 웹 페이지라면 페이지에 직접 작성하고, 웹 사이트 전체에서 디자인을 통일하고 싶다면 별도의 CSS 파일을 작성해서 **head** 태그 안에서 읽는 등으로 나눠서 사용합시다.

셀렉터

각 요소에 디자인을 지정하는 방법에 관해 확인해봅니다. CSS는 셀렉터(Selector), 속성(Property), 값(Value)의 3가지를 조합해 작성합니다.

예를 들어 위의 **sample.css**에서는 다음과 같이 작성되어 있습니다.

- 셀렉터: h1
- 속성: text-size, color
- 값: large, red

즉, 요소 'h1'을 선택하고 그 속성과 값을 지정합니다. 셀렉터를 다음 3가지 방법으로 지정할 수 있습니다.

- 요소를 지정
  태그 이름을 지정합니다. 이때 '*'를 지정하면 모든 요소에 적용됩니다.

```
h1{속성: 값}
```

- 클래스를 지정
  요소에 class 속성을 추가하고 해당 class의 값을 셀렉터로 지정합니다. 다음 예에서는 xxx가 class의 값입니다.

```
.xxx{속성: 값}
```

- ID를 지정

  요소에 **id** 속성을 추가한 후 해당 **id** 속성의 값을 셀렉터로 지정합니다.

```
#xxx{속성: 값}
```

일반적으로 '클래스를 지정'하는 방법은 1개의 HTML 문서에 해당 속성을 가진 요소가 여러 차례 등장할 때, 'ID를 지정'하는 방법은 1개의 HTML 문서에 해당 속성을 가진 요소가 한 차례만 등장할 때 사용합니다.

그리고 위 내용을 조합해 다음과 같이 지정할 수도 있습니다. 웹 사이트 제작 시 자주 이용되므로 웹 페이지를 자유롭게 디자인하기 위해서도 확인해두기 바랍니다.

- 자손을 지정

  지정한 부모 요소에 있는 모든 자식이나 자손 요소에 대해 적용합니다. 다음 예에서는 **p**가 부모, **span**이 자식 또는 자손입니다.

```
p span{속성: 값}
```

다음 예에서는 **p** 요소 내부에 있는 **span** 요소(aaa나 ccc)에는 적용되지만, **div** 요소 내부에 있는 **span** 요소(ddd나 fff)에는 적용되지 않습니다.

```
<p><span>aaa</span>bbb<span>ccc</span></p>
<div><span>ddd</span>eee<span>fff</span></div>
```

자손 요소에도 이어지기 때문에 다음 예에는 적용됩니다.

```
<p><h1>aaa<span>bbb</span>ccc</h1></p>
```

- 자식을 지정

  자손에는 이어지지 않고 자식에만 적용됩니다. 다음 예에서는 **p**가 부모, **span**이 자식입니다.

```
p > span{속성: 값}
```

- 인접 요소를 지정

  지정한 요소가 인접한 요소에 적용됩니다.

```
p + div{속성: 값}
```

다음 예에서는 p 요소에 인접한(바로 뒤에 있는) div 요소(bbb)에 적용됩니다.

```
<div>
  <p>aaa</p>
  <div>bbb</div>
  <div>ccc</div>
  <p>ddd</p>
</div>
```

- 같은 계층을 지정

  지정한 요소 뒤에 있는 같은 계층의 요소에 적용됩니다.

```
p ~ div
```

다음 예에서는 p 요소 뒤에 있는 같은 계층의 div 요소(bbb, fff)에 적용됩니다.

```
<div>
  <p>aaa</p>
  <div>bbb</div>
  <p>ccc<div>ddd</div>eee</p>
  <div>fff</div>
</div>
```

- 여럿을 지정

  여러 요소에 적용됩니다.

```
p, span
```

실제로 HTML과 CSS를 작성해보면서 표시 여부가 어떻게 달라지는지 확인해보기 바랍니다.

CSS 프레임워크

웹 프레임워크를 사용하면 전형적인 웹 애플리케이션 개발 작업이 간단해지듯, 보기 좋은 디자인을 손쉽게 구현하려면 CSS 프레임워크를 사용합니다. CSS 프레임워크는 미리 만들어진 버튼이나 폼 디자인뿐 아니라 스마트폰 표시에 대응한 레이아웃 등도 제공합니다. 대표적인 CSS 프레임워크로는 Bootstrap이나 Semantic UI, Foundation, Bulma 등이 있습니다.

초기 설정 상태로도 깔끔하게 정리된 디자인을 만들 수 있으며, PC는 물론 스마트폰에서도 보기 쉽도록 자동으로 레이아웃이 변하는 반응형 디자인도 대응할 수 있습니다. 단, 많은 웹 사이트에서 사용 중인 CSS 프레임워크를 사용하면 해당 웹 사이트들과 비슷한 디자인이 되기 쉬우니 주의하기 바랍니다.

CSS 프레임워크의 사용 방법을 간단히 소개합니다. 예를 들어 다음과 같은 HTML을 작성합니다. 이를 웹 브라우저에서 읽으면 그림 2-13과 같이 가로로 나열된 카드에 버튼을 배치한 디자인을 구현할 수 있습니다. HTML 요소에 class 속성을 지정했을 뿐, CSS를 개별적으로 지정하지 않았습니다.

bootstrap.html

```
<!-- bootstrap.html -->
<!DOCTYPE html>
<html lang="ko">

<head>
  <meta charset="UTF-8">
  <title>샘플</title>
  <link href="https://cdn.jsdelivr.net/npm/bootstrap@5.1.3/dist/
css/bootstrap.min.css" rel="stylesheet">
</head>

<body>
  <h1>타이틀</h1>
  <div class="row">
    <div class="col">
      <div class="card">
```

CSS 프레임워크 호출

```
        <div class="card-header">샘플 1</div>
        <div class="card-body">
          <button class="btn btn-primary">버튼 1</button>
        </div>
      </div>
    </div>
    <div class="col">
      <div class="card">
        <div class="card-header">샘플 2</div>
        <div class="card-body">
          <button class="btn btn-primary">버튼 2</button>
        </div>                       class 속성만 지정
      </div>
    </div>
  </div>
</body>

</html>
```

그림 2-13 CSS 프레임워크를 사용해 버튼을 표시

이렇게 HTML 요소에 class 속성을 지정하기만 해도 어느 정도 꾸며진 디자인이 가능하기에 많은 웹 사이트에서 사용되고 있습니다.

CSS를 사용한 디자인을 확인할 때 주의점이 있을까요?

1장에서 소개한 것처럼 여러 웹 브라우저에서 체크해봅니다. 최근에는 웹 브라우저에 따른 표시의 차이는 줄어들었지만, 아직 완전하게 호환된다고는 할 수 없습니다.

디자인이 깨지는 경우에는 어떻게 하면 좋을까요?

특정한 웹 브라우저에서만 이용할 수 있는 스타일은 사용하지 않는 등, 각 웹 브라우저의 대응 상황을 확인합니다.

 권장 도서

교과서에서는 알려주지 않는 HTML & CSS(기술평론사, 2021년)(『教科書では教えてくれないHTML&CSS』, 狩野祐東(著), 技術評論社, 2021年, ISBN978-4297121938)

COLUMN Saas

CSS를 이용한 디자인에서는 페이지의 분위기를 통일하기 위해 여러 요소에 같은 색을 사용하는 때가 많습니다. 예를 들어 제목의 배경이나 버튼을 맞추는 디자인 등으로, 이때 각각의 요소에 색을 정의하면 모든 요소의 색을 관리해야 합니다. 복잡한 디자인을 실현하려면 막대한 코드를 작성해야 하므로 가능한 간단하게 관리하는 것이 좋습니다.

bad_css.css

```css
/* bad_css.css */
h1 {
  background-color: #ff88ff;
}

h2 {
  border-left: 1em solid #ff88ff;
  border-bottom: 1px solid #ff88ff;
}

button {
  background-color: #ff88ff;
}
```

> 색을 바꾸고 싶은 경우 모두 변경해야 한다

이런 때 편리하게 사용할 수 있는 것이 Sass(Syntactically Awesome Style Sheets) 나 LESS(Leaner Style Sheets)입니다.[1] Sass나 LESS는 CSS를 확장한 것으로 CSS를 작성할 때 변수나 함수 등을 사용할 수 있습니다. 특정한 색을 변수에 저장해 두고, 그 변수를 사용해 디자인을 지정하면 변수 값을 바꾸기만 해도 대상이 되는 요소의 색을 바꿀 수 있습니다.

styles.sass

```sass
// styles.sass
$pink: #ff88ff;

h1 {
  background-color: $pink;
}
```

> 색을 바꾸고 싶은 경우 이 부분만 변경하면 된다

---

1 집필 시점에서는 Sass의 인기가 더 높았습니다.

```
h2 {
  border-left: lem solid $pink;
  border-bottom: 1px solid $pink;
}

button {
  background-color: $pink;
}
```

Sass로 작성한 파일 자체로는 웹 브라우저에서 읽을 수 없으며, 사전에 CSS로 변환해야 합니다. VSCode의 확장 기능으로 변환하는 방법과 루비 등의 프로그래밍 언어를 이용해 변환하는 방법 등이 있습니다(그림 2-14).

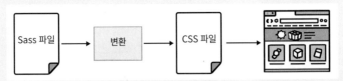

그림 2-14 Sass 사용

환경 구축에는 노력이 들지만 Sass를 사용함으로써 CSS를 편하게 관리할 수 있습니다. 대규모 사이트를 운영하는 상황 등에서 CSS를 효율적으로 작성하고 싶을 때 사용해보세요.

웹 사이트 운영 시 알아 둬야 할 지식

약간의 노력으로 늘어나는 접속 수

HTML이나 CSS로 웹 사이트를 제작했다면, 다음은 인터넷상에 공개하기만 하면 됩니다. 사용자가 접속했을 때 SNS로 공유하기 쉽고, 통신 속도가 느린 환경에서도 빠르게 표시되는 웹 페이지를 준비하면 더욱 많은 접근을 기대할 수 있습니다. 여기에서는 웹 사이트의 접근을 늘리기 위한 구조에 관해 소개합니다.

OGP

웹 사이트에 접근하도록 하기 위해서는 상위 검색 결과를 표시하기 위해 수행하는 검색 엔진에 대응(SEO, Search Engine Optimization)하는 것뿐 아니라 트위터(Twitter)나 페이스북(Facebook)과 같은 SNS를 이용한 공유를 활용하는 방법도 효율적입니다. SNS에 게시되었을 때 URL뿐 아니라, 해당 웹 페이지의 타이틀이나 개요, 이미지 등을 전달할 수 있으면 접근으로 이어질 수 있을 것입니다. 이를 위한 구조로서 OGP(Open Graph Protocol)가 있습니다. OGP가 설정되어 있는 웹 페이지의 URL을 SNS에 게시하면 해당 페이지의 제목이나 설명문, 섬네일 이미지 등이 표시됩니다.

OGP를 사용하려면 HTML 파일의 head 요소 안에 meta 요소를 추가하고 웹 페이지 정보를 지정합니다. 예를 들어 다음과 같이 지정할 수 있습니다.

```html
<!-- ogp.html -->
<!DOCTYPE html>
<html lang="ko">

<head>
  <title>xxx</title>
  <meta property="og:title" content="페이지 타이틀">
  <meta property="og:type" content="website">
  <meta property="og:url" content="https://example.com/">
  <meta property="og:image" content="https://example.com/ogp.png">
  <meta property="og:site_name" content="사이트 이름">
  <meta property="og:description" content="사이트 설명">
```

여기에서 지정한 웹 페이지 정보의 의미는 표 2-4와 같습니다.

표 2-4 OGP로 지정할 수 있는 항목의 예

속성	콘텐츠(웹 페이지 정보)
og:title	페이지 타이틀
og:type	해당 페이지의 종류
og:url	해당 페이지의 URL
og:image	게시했을 때 표시되는 섬네일 이미지
og:site_name	웹 사이트 이름
og:description	웹 사이트 설명

이들을 HTML의 head 요소 안에서 지정하면 웹 페이지가 SNS에서 공유되었을 때 그림 2-15와 같은 형태가 됩니다.

그림 2-15 OGP 표시 예

이와 함께 표 2-5의 항목을 설정하면 트위터에 업로드했을 때 표시에 반영됩니다.

표 2-5 **트위터에서의 OGP 지정**

지정 방법	추가할 정보
twitter:card	카드(트위터에서의 표현) 종류(예: summary, summary_large_image.app 등)
twitter:site	트위터의 사용자 이름(예: @masuipeo)

이처럼 SNS에 따라서는 독자적인 OGP를 설정할 수 있습니다. 그리고 SNS가 제공하는 디버거를 사용하면 설정한 뒤의 모습을 확인할 수 있습니다. SNS를 이용한 공유에 앞서, 웹 페이지가 공유되었을 때의 각 표시 여부를 확인하기 바랍니다.

- Twitter Card Validator: https://cards-dev.twitter.com/validator
- Facebook 공유 디버거: https://deelopers.facebook.com/tools/debug/
- LINE Page Pocker: https://poker.line.naver.jp

▎AMP

스마트폰을 이용한 웹 사이트 열람은 이제 일상화되었으며, 작은 화면에서도 보기 쉽게 표시할 수 있는 디자인이 요구됩니다. 또한 스마트폰의 특징을 의식한 웹 페이지 구성을 고려해야만 합니다. 예를 들어 스마트폰으로 열람한다면 특히 이동 중일 때가 많기 때문에, 회선 속도가 느린 상황도 생각할 수 있습니다. 그렇기에 적은 데이터량으로 빠르게 표시되어야 합니다.

이를 구현하기 위한 다양한 방법들을 생각할 수 있습니다. 예를 들어 간단한 HTML과 CSS로 데이터량이 적은 웹 페이지를 제작하면 통신량을 줄일 수 있고 CDN(Content Delivery Network)[1]을 사용하면 읽기 시간을 줄일 수 있습니다.

---

1 CDN에 관해서는 4장에서 자세히 설명합니다.

이들을 조합한 기술로서 AMP(Accelerated Mobile Pages)가 있습니다. AMP에서는 경량의 HTML을 이용한 표현을 실현하기 위해 일부 HTML 태그를 사용하지 못하도록 하는 한편 AMP 전용 태그를 제공합니다. 즉, 웹 페이지를 만드는 것뿐 아니라 AMP에 대응한 별도 페이지를 만드는 것입니다.

예를 들어 이미지 표시에 img 태그가 아닌 amp-img라는 태그를 사용해 세로와 가로 크기를 지정합니다. 그리고 CSS는 별도 파일로 지정할 수 없으며, <style amp-custom>이라는 태그를 사용해 HTML 파일 안에 작성합니다.

이렇게 새롭게 AMP 대응 설정을 추가해야 하기는 하나 실제로 구글의 검색 결과로부터 접근하면 매우 빠르게 표시됩니다. 과거 AMP에 대응하는 페이지가 구글 검색 결과에서 상위에 표시되는 조치가 취해진 경우도 있어 대응하는 웹 사이트가 늘어났습니다. 현재 이 혜택은 종료되었지만 검색 결과에 불리하지도 않습니다. 5G 등장과 함께 스마트폰 통신 속도의 고속화가 진행되고 있습니다. 빠르게 표시되는 웹 페이지를 위한 노력은 이후에도 요구될 것입니다.

AMP에 대응할 수 있는지 확인하려면 구글이 제공하는 AMP 테스트 페이지(https://search.google.com/test/amp)에 접근하거나 Chrome DevTools를 연 상태에서 AMP 대응 페이지의 URL 마지막에 '#development=1'을 추가해 접근하는 방법이 있습니다. 그림 2-16은 AMP 태그 검증에 성공했을 때 볼 수 있는 화면입니다.

그림 2-16 AMP 검증 결과

SPA

웹 사이트를 이동할 때는 페이지 링크를 클릭해서 이동하는 동작이 기본적이지만, 페이지를 이동하지 않더라도 새로운 페이지의 내용을 같은 페이지에 표시하는 구조가 있습니다(그림 2-17). 페이지의 일부만을 업데이트하므로 웹 서버와의 통신량을 최소한으로 줄일 수 있으며, 빠르게 표시할 수 있는 장점이 있습니다.

그림 2-17 페이지를 이동하지 않고 바꿔 쓴다

예를 들어 2005년경에 Google Maps가 주목을 받았습니다. 그 이전까지는 지도 사이트에서 이동이나 확대/축소를 할 때마다 이미지를 바꿨지만 Google Maps의 확대 및 축소, 이동 조작은 마우스 드래그나 스크롤로 부드럽게 표시할 수 있었습니다. 비동기 통신을 통해 이미지를 불러옴으로써 이러한 표시를 구현했습니다.

마우스를 조작할 때마다 자바스크립트 프로그램이 웹 서버와 통신을 수행하고, 그 결과를 받아 화면을 바꾸는 방법은 Ajax(Asynchronous JavaScript + XML)이며, 이와 마찬가지로 하나의 페이지에서 화면을 바꾸는 방법을 일반적인 웹 페이지에서도 실현한 웹 애플리케이션은 SPA(Single Page Application)라 부릅니다.

이제까지 사용되던 기술이 주목을 받게 된 이유 중 하나로 HistoryAPI라는 API 확장에 따라, URL을 자바스크립트에서 조작할 수 있게 된 것을 들 수 있습니다. 이제까지는 페이지 안에서 동적으로 URL을 바꿔도, 브라우저를 다시 읽으면 처음에 접근한 페이지 내용으로 돌아가 버렸습니다(다른 페이지로 이동해도, 업데이트하면 처음 열렸던 페이지로 돌아간다). 하지만 HistoryAPI를 사용해 URL을 바꿔 쓰면 브라우저를 다시 읽어도 최신 내용을 표시할 수 있습니다.

1장의 칼럼에서도 소개한 정적 사이트 제너레이터나 헤드리스 CMS 등을 응용한 기술로 JAMstack이 주목을 받고 있습니다. JAM은 JavaScript, API, Markup의 약어인데서 알 수 있듯 정적인 HTML 파일을 사전에 준비하고 동적 콘텐츠는 API를 통해 접근합니다. 정적인 파일은 CDN을 사용해 송신하므로 대량의 접근에도 대응할 수 있으며, 웹 서버 측에서 동적인 처리가 발생하지 않으므로 보안을 높일 수 있는 장점이 있습니다.

▎PWA

스마트폰으로 웹상의 서비스를 사용할 때, 설치한 스마트폰 애플리케이션을 기동하고 웹 브라우저로부터 웹 애플리케이션에 접근하는 등의 방법을 생각할 수 있습니다.

스마트폰 애플리케이션은 홈 화면에서 간단하게 기동할 수 있으므로 가볍게 사용하는 분이 많을 것입니다. 한편 웹 애플리케이션의 경우에는 '즐겨 찾기' 기능에 등록한 바로가기를 홈 화면에 배치하면 스마트폰 애플리케이션처럼 사용할 수 있지만 인터넷에 연결되어 있지 않으면 사용할 수 없고 전체 화면 표시도 할 수 없습니다.

웹 애플리케이션을 스마트폰 애플리케이션과 같이 사용할 수 있는 구조로 PWA(Progressive Web Apps)가 있습니다. PWA는 푸시 알림이나 전체 화면 표시 등에 대응하며, 오프라인에서도 사용할 수 있는 웹 애플리케이션을 나타냅니다.

이용자로서는 일반적인 스마트폰 애플리케이션과 동일하게 사용할 수 있고 애플리케이션 스토어 등에서 따로 설치할 필요가 없습니다. 또, 검색 엔진으로부터 콘텐츠를 검색할 수 있다는 등의 장점이 있습니다. 그리고 개발자 입장에서도 HTML이나 CSS, 자바스크립트와 같은 웹 개발에서 사용하는 기술로 스마트폰 애플리케이션과 같은 애플리케이션을 개발할 수 있다는 것도 장점이라 할 수 있습니다. PWA를 도입한 웹 개발은 이후에도 늘어날 것입니다.

스마트폰에서 연결하기 어려운 웹 사이트는 곧바로 닫아버리게 되기도 합니다. 접근 수를 늘리기 위해 주의해야 할 점은 무엇이 있을까요?

이용자의 재방문 여부로, 요점은 이용자의 경험을 좋게 만드는 것입니다. UX(User Experience) 향상이라고도 말합니다.

경험을 좋게 한다는 것은 무엇인가요?

읽기 쉽게, 사용하기 쉽게, 접근했을 때의 인상을 좋게 만듦으로써 다시 방문해야겠다고 생각하도록 웹 사이트를 만드는 것입니다.

 권장 도서

만화로 배우는 웹 마케팅 개정판 ~웹 마케터 도전!~(임프레스, 2017)(『マンガでわかるWeb マーケティング改訂版—Webマーケッター瞳の挑戦!』, 村上佳代(著)他, インプレス, 2017年, ISBN978-4295000761)

인터넷상에 웹 사이트를 공개하더라도 이용자들이 보지 않으면 의미가 없습니다. 이용자들이 접근하려면 검색 엔진에 키워드를 검색했을 때 검색 결과에 반드시 표시되어야 합니다. 또한 보다 많은 접근을 위해서는 조금이라도 검색 결과의 상위에 표시되어야 합니다.

검색 결과의 상위에 표시되도록 하기 위한 다양한 노력을 SEO(Search Engine Optimization, 검색 엔진 최적화)라 부릅니다. 다음은 대표적인 SEO 대책입니다.

- 검색되는 키워드의 니즈에 맞춰 콘텐츠를 작성한다.
- 외부에 있는 높은 품질의 웹 사이트로부터 링크를 얻는다.
- 웹 사이트 내부의 링크를 최적화한다.
- 페이지가 표시되는 속도를 개선한다.

그리고 SEO에 의한 효과 여부를 확인하려면 웹 사이트 접근 수 등을 집계해야 하는데, 이때 사용되는 지표들을 표 2-6에 나타냈습니다.

표 2-6 SEO 효과 측정에 사용되는 지표의 예

지표 이름	내용
페이지 뷰(PV: Page View)	어떤 페이지를 방문한 수(같은 사람이 2번 읽으면 2번 카운트된다)
유니크 유저 (UU: Unique User)	어떤 페이지를 방문한 사람 수(일정 시간 안에 같은 사람이 접근한 경우는 1명으로 카운트한다).
컨버전 수 (CV: Conversion)	EC 사이트에서의 상품 구입, 기업 웹 사이트의 문의 횟수 등 고객이 원하는 행동의 수
컨버전 비율 (CVR: Conversion Rate)	접근 수에 대한 컨버전 수의 비율
검색 결과 순위	어떤 키워드로 검색했을 때의 표시 순위
클릭률 (CTR: Click Through Rate)	표시 횟수에 대한 클릭된 횟수의 비율(검색 결과나 광고 등에 표시된 횟수 중 이용자가 얼마나 클릭했는가).

이 지표들을 정기적으로 확인하고 그 변화에 따라 지속적으로 개선하는 활동으로 웹 마케팅이 있습니다. 개발자로서도 마케팅에 관한 지표를 확인하고 이를 개발에 활용하는 것이 바람직합니다.

웹 기술 트렌드

HTML로 구조를 작성하고 CSS로 디자인하며, 자바스크립트로 동적인 처리를 구현하는 개발 방법은 1990년대부터 변하지 않았습니다. 그동안 HTML은 조금씩 버전이 업데이트되었고 CSS나 자바스크립트로 할 수 있는 일도 늘어났습니다. 개발 방법이 어떻게 변화하는지 파악하고, 새로운 개발 방법을 도입하도록 합니다.

모던 자바스크립트

웹 개발의 프론트엔드 측에서 크게 변화한 것이 자바스크립트입니다. 1990년대에는 웹 브라우저 측에서 구현할 수 있는 처리가 적고, 입력 항목을 체크하는 등이 주된 작업이었습니다. 그 이외의 처리는 기본적으로는 서버 측에서 실행하고 페이지를 전환해서 처리했습니다.

이 책을 집필하는 시점에서는 앞에서 설명한 SPA나 JAMstack과 같이 다양한 처리를 웹 브라우저 측에서 실행하고, 서버에서 제공하는 API를 호출해서 사용하는 방법이 늘어났습니다. 그리고 서버 측에서도 Node.js 등을 중심으로 자바스크립트를 이용한 구현을 사용하게 되었습니다. 즉, 자바스크립트는 '클라이언트 측에서 동적인 처리를 작성'하기 위한 프로그래밍 언어라는 위치에서, '웹에 관한 처리를 모두 작성'하기 위한 프로그래밍 언어로 변하고 있습니다.

자바스크립트를 단독으로 사용하기보단, 타입스크립트나 Dart와 같은 AltJS(대체 자바스크립트)라는 언어도 등장해 활용되고 있습니다. 웹 브라우저에서는 자바스크립트만 실행 가능하므로 타입스크립트 등으로 작성한 소스 코드를 자바스크립트로 변환해서 실행해야 합니다(그림 2-18).

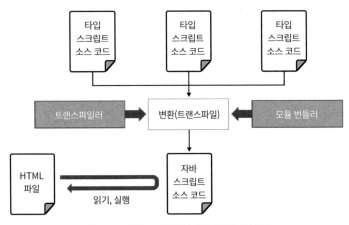

그림 2-18 타입스크립트에서 자바스크립트로 변환

이런 변환을 트랜스파일(Transpile)이라 부르며 트랜스파일을 수행하는 도구를 트랜스파일러 또는 트랜스컴파일러(Transcompiler)라 부릅니다. 구체적으로는 바벨(Babel)을 들 수 있습니다. 또한 자바스크립트의 여러 소스를 하나의 자바스크립트로 결합하는 모듈 번들러라는 도구도 많이 사용됩니다. 소스 코드 사이의 의존 관계를 자동적으로 확인해서 통합해주는 도구로 gulp나 webpack 등이 있습니다.

소스 코드 작성 방법도 1990년대와는 달라졌으며, 현재의 작성 방식을 '모던'이라 표현하기도 합니다.

자바스크립트 프레임워크와 라이브러리

웹 서버 측의 프로그램을 개발할 때 이용하는 웹 프레임워크로 PHP의 경우에는 라라벨이나 CakePHP, 루비의 경우 루비 온 레일즈 등을 소개했습니다. 그리고 디자인을 손쉽게 설정하는 방법으로 CSS 프레임워크인 Bootstrap 등을 소개했습니다.

프레임워크는 많은 소프트웨어에서 사용되는 일반적인 기능을 제공하며, 개발 효율을 높여 줍니다. 한편 라이브러리는 그 독자적인 기능이 필요할 때, 개발자가 프로그램상에서 읽어서 사용합니다.

프레임워크나 라이브러리를 사용함으로써 개발자는 애플리케이션의 독자적인 기능을 만드는 데 전념할 수 있으며, 처음부터 프로그램을 작성하는 부분을 줄일 수 있습니다(그림 2-19).

자바스크립트에서도 프레임워크나 라이브러리를 사용합니다. 제이쿼리가 압도적인 인기를 얻었던 시기도 있었지만 리액트나 뷰제이에스(Vue.js), 앵귤러, Riot.js 등도 인기를 얻고 있습니다. 또한 이들을 발전시킨 프레임워크로 리액트 기반의 Next.js, Vue.js 기반의 Nuxt.js가 있습니다.

이후에도 새로운 기술의 등장이 예상되므로 웹 개발을 진행할 때는 이러한 트렌드를 따라가는 것도 중요합니다.

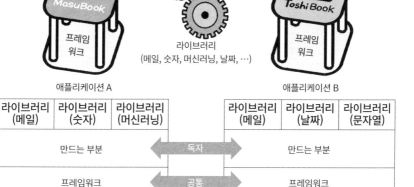

그림 2-19 **프레임워크와 라이브러리**

자동 형태 정리 도구

문장을 공개할 때는 더욱 보기 좋은 문장을 위해 교정이라는 작업을 수행합니다. 소스 코드도 저장할 때 읽고 수정하기 쉽도록 형태를 정리하는 것이 일반적입니다. 많은 조직에서는 코딩 규약이라 부르는 코딩 규칙을 정하고 있으며, 해당 규칙에 따라 작성되었는지 여러 사람이 리뷰하는 방법을 이용합니다. 이렇게 사람이 체크할 뿐 아니라 도구를 사용해 자동적으로 코드 체크와 형태 정리를 수행하기도 합니다.

HTML에서는 시작 태그와 종료 태그가 대응하는가, 화면에는 대체 텍스트(alt 속성)이 설정되어 있는가 등을 확인하기 위해 HTML-lint라는 도구를 사용합니다.

PHP에서는 PHP Code Sniffer, 자바스크립트에서는 ESLink, CSS에서는 Stylelint 등이 있습니다. 많은 프로그래밍 언어에 대응하는 Prettier도 유명합니다. 설정 파일을 체크하는 도구로서 JSON의 경우 JSONlint, YAML의 경우 YAMLlint 등이 있습니다.

각 환경을 준비하는 데 어느 정도 수고를 들여야겠지만, 이런 도구를 이용해 유지 보수하기 쉬운 코드를 작성해 두면 장기적으로 효율적인 개발로 이어질 것입니다.

자바스크립트를 토대로 하는 웹 프론트엔드에서 이용되는 기술의 변화가 빨라, 화제를 따라가기 어렵습니다.

새로운 기술이 등장하면 우선 다뤄보는 것이 중요합니다.

어떤 기술이 오랫동안 이어지지 않는 상황도 있을 것 같습니다. 어떻게 하면 좋을까요?

설계 사고방식 등은 공통되는 경우가 많으므로, 해당 지식이 쓸모 없어지는 경우는 거의 없습니다. 사람들이 다양한 과제에 직면하고 이를 해결하기 위해 만들어진 것이므로, 그 사고방식을 익힘으로써 새로운 것들을 발견하면 좋을 것입니다.

 권장 도서

자바스크립트 모던 프로그래밍 완전 가이드 '견고한 코드를 효율적으로 개발하자!'(임프레스, 2020)(『JavaScriptモダンプログラミング完全ガイド[堅牢なコードを効率的に開発できる!]』, Cay S. Horstmann(著), 吉川邦夫(翻訳), インプレス, 2020年, ISBN978-4295010562)

3

웹 서버 배치

파일 전송

변경 후
누락이나 누출 없이
배치한다

HTML이나 CSS를 사용해 웹 사이트를 제작하더라도 로컬 PC에만 저장해 둔다면 아무도 볼 수 없습니다. 인터넷상에 공개하려면 웹 서버에 배치해야 합니다. 1장에서 소개한 임대 서버나 VPS, 클라우드 등의 환경에 HTML이나 CSS 파일을 전송하는 방법을 익혀 둡니다.

개발 환경, 검증 환경, 프로덕션 환경

웹 서버에 배치된 파일을 직접 수정해서 개발을 수행하는 작업은 오류가 발생하기 쉬우며, 보안 관점에서 권장하지 않습니다. 목적에 따라 몇 가지 환경으로 나누어 개발하는 것이 일반적입니다.

개발자가 평소에 사용하는 로컬 PC 등 웹 사이트 제작이나 웹 애플리케이션 개발에 사용하는 환경을 개발 환경(Development Environment) 또는 테스트 환경(Test Environment)이라 부릅니다. 이 환경에서는 웹 사이트 혹은 웹 애플리케이션 개발이 목적이므로 간이 웹 서버나 데이터베이스 서버를 사용하는 경우가 많습니다.

개발 환경에서 동작을 어느 정도 확인했다면 실행에 필요한 파일을 특별히 준비한 환경으로 옮겨서 검증하며, 이 환경을 검증 환경(Staging Environment)이라 부릅니다. 검증 환경에서는 실제로 사용되는 웹 서버나 데이터베이스 서버와 동등한 기능을 준비합니다. 소규모 개발에서는 검증 환경을 준비하지 않고 개발 환경에서 검증을 하기도 합니다.

그리고 실제로 이용자가 사용하게 되는 환경을 프로덕션 환경(Production Environment)이라 부릅니다. 인터넷상에 공개할 때는 동시에 여러 사람이 접근해도 문제 없도록 성능이 높은 서버를 준비해야 합니다.

제작한 웹 사이트나 개발한 웹 애플리케이션을 서버상에 배치하고 이용자가 이용할 수 있는 상태로 만드는 작업을 배포(Deploy)라 부릅니다(검증 환경 등에 배치하는 것을 가리키기도 합니다). 실제로 이용할 수 있는 상태로 만드는 작업을 릴리스(Release)라 부르기도 합니다.

웹 사이트를 배포할 때는 필요한 파일을 적절한 디렉터리에 복사하기만 해도 문제 없는 경우도 있지만, 웹 애플리케이션이라면 별도 설정이 필요하기도 합니다. 이후에는 파일 전송 방법과 배포 시 설정에 관해 설명합니다.

임대 서버나 클라우드(Cloud), 온프레미스(On-premise) 등 배치하는 환경에 따라 순서나 방법이 다릅니다. 어떤 설정이나 전송 방법이 필요한지 알아 둡니다.

개발 환경

검증 환경

프로덕션 환경

FTP

과거에는 HTML 파일 등을 웹 서버에 배치할 때 일반적으로 FTP(File Transfer Protocol)를 사용했습니다. FTP는 FTP 서버와의 사이에서 파일을 송수신할 때 사용되는 프로토콜입니다. CUI(Character User Interface)[1] 명령어로 파일을 지정해 업로드나 다운로드, 파일 권한 설정 등의 조작을 할 수 있으며, 이러한 조작을 GUI(Graphical User Interface)로 실행할 수 있는 데스크톱 애플리케이션도 많이 사용되고 있습니다(그림 3-1).

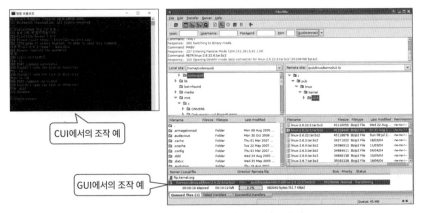

CUI에서의 조작 예

GUI에서의 조작 예

그림 3-1 FTP 조작 예(CUI: 왼쪽, GUI: 오른쪽)

FTP는 웹 브라우저에서도 이용 가능하기에 간단한 파일 송수신 방법 중 하나로 많이 사용되었습니다. 개발한 프리 소프트웨어를 다운로드하기 위해 FTP 서버를 공개하고 웹 서버 대신 사용하는 'anonymous FTP(익명 FTP)'를 사용하던 시기도 있었습니다.

하지만 FTP는 파일 내용은 물론 ID나 비밀번호 등도 암호화하지 않고 전송하는 오래된 사양의 프로토콜입니다. 웹 브라우저가 FTP에 대한 대응을 폐지하는 움직임도 있어, 현재는 대부분의 프로그래머가 사용하지 않습니다.

오래된 환경에서 반드시 FTP를 사용해야만 하는 경우에는 FTPS(FTP over SSL/TLS)나 SFTP(SSH FTP) 등 FTP에 암호화 기능을 추가한 프로토콜을 사용합니다.

---

[1] CLI(Command Line Interface)라고도 부릅니다.

scp(SSH)와 rsync

FTP 대신 scp와 rsync를 이용한 파일 전송을 많이 사용하게 되었습니다. 관련 내용을 설명하기에 앞서 파일을 서버에 전송하는 것이 아닌 서버 측에 로그인해서 파일을 작성하는 방법에 관해 생각해봅니다.

웹 서버가 실행되고 있는 컴퓨터에 로그인해서 명령어를 이용해 원격에서 조작하기 위해 과거에는 Telnet이라는 프로토콜을 이용했습니다. 웹 서버와 같은 컴퓨터에서 Telnet 서버를 실행한 후 Telnet 클라이언트를 이용해 접속해서 단순한 텍스트 형식으로 통신을 하는 프로토콜입니다(그림 3-2 왼쪽). Telnet 서버에 접속할 수 있다면 서버 안에서 다양한 명령어를 실행할 수 있으므로 파일을 설치하고 싶은 서버에 접속한 상태에서 서버에 설치되어 있는 텍스트 편집기를 이용해 파일을 작성할 수 있습니다.

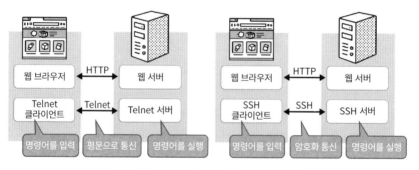

그림 3-2 서버와의 통신 암호화 유무에 따른 비교

하지만 Telnet에서는 모든 통신이 암호화되지 않고 평문으로 송수신되기 때문에 보안상 바람직하지 않으므로 통신을 암호화할 수 있는 SSH라는 프로토콜을 사용합니다. 웹 서버와 같은 컴퓨터에 SSH 서버를 실행한 후, SSH 클라이언트로부터 접속해서 사용합니다(그림 3-2 오른쪽).

이렇게 SSH를 사용해 서버에 로그인해서 파일을 작성할 뿐 아니라 로컬에 있는 파일을 서버에 복사하는 명령이 scp입니다. 1장에서 소개한 cp 명령과 마찬가지로 복사 소스와 복사 대상을 지정해 파일을 복사할 수 있습니다. 예를 들어 로컬에 'sample.txt'라는 파일이 있고, example이라는 서버의

'/home/yourname'이라는 디렉터리에 전송하는 경우 다음과 같은 명령을 실행합니다.

```
scp sample.txt example:/home/yourname
```

많은 개발자가 사용하던 scp 명령이지만 2019년 OpenSSH라는 서버에서는 scp를 권장하지 않는다는 발표가 있었습니다. OpenSSH는 오랫동안 사용되던 소프트웨어였기에 설계가 오래되어 수정이 어려워진 점이나, 취약성이 많이 발견되는 등의 문제가 있었기에 대체 수단으로써 SSH에서 사용되는 rsync라는 명령이 사용되기 시작했습니다.

rsync는 remote sync라는 이름대로 리모트 환경으로부터 파일이나 폴더를 동기하기 위해 개발되었습니다. 다른 컴퓨터 간 파일이나 폴더 추가 및 변경 여부의 차이를 관리해서 백업 등을 합니다. 여러 서버 간 혹은 로컬 PC와 서버 간 동기가 가능합니다. 당연히 동기할 파일이 여러 디렉터리에 걸쳐 있어도 문제 없습니다(그림 3-3).

여러 서버를 동기　　　　로컬 PC와 서버를 동기　　　　파일을 동기

그림 3-3 rsync에서의 동기

대량의 파일을 전송하는 도중 정지하더라도 처음부터 모든 파일을 전송하지 않고 차이 여부를 이용해 업데이트할 수 있는 장점도 있습니다. 필요한 파일이 부족한지 아닌지 수작업으로 확인하지 않고 전송하는 것만으로 배치할 수 있기에 웹 서버 배치에도 적합하다고 말할 수 있습니다.

rsync로 동기하려면 동기 소스 디렉터리와 동기 대상 디렉터리를 지정한 후 다음과 같이 실행합니다. 예를 들어 로컬 PC의 홈 디렉터리 안에 있는 디렉터리 'abc'와 디렉터리 'xyz'를 동기하려면 다음과 같이 실행합니다.

```
$ rsync abc xyz
```

그리고 서버 간 동기를 하려면 다음과 같이 실행합니다. 여기에서 지정한 옵션은 표 3-1에 설명했습니다.

```
$ rync -auvz abc example:/home/yourname
```

표 3-1 rsync의 옵션

옵션	의미
a	아카이브(디렉터리의 내용을 모아서 타임 스탬프나 소유자 등을 그대로 복사한다)
u	전송 대상지의 타임 스탬프가 새로운 경우에는 전송하지 않는다
v	전송 상황을 표시한다
z	데이터를 전송할 때 압축한다

이처럼 파일 전송에 편리한 명령어가 있지만, 실제로는 다음 절에서 소개할 버전 관리 소프트웨어를 사용할 기회가 늘어나고 있습니다. 파일을 단순히 전송할 경우 소스 파일로 되돌리기 어렵기 때문입니다. 이번 절에서 소개한 명령을 이용해 잘못된 파일을 전송하는 경우, 원래대로 되돌리기 위해서는 사전에 백업이 이루어져야 합니다. 이 백업을 반영하는 등의 작업도 버전 관리 소프트웨어로 구현할 수 있습니다.

GUI 도구가 있는데도 CUI 도구를 많이 사용하는 이유는 무엇입니까?

CUI 도구를 사용하는 장점도 있기 때문입니다. 예를 들어 조작 기록을 남기는 데는 GUI 보다 CUI 쪽이 편리합니다.

확실히 가이드를 작성할 때는 CUI 쪽이 편하네요. 조작이 명확해지기도 하고요.

세세한 제어나 복잡한 처리도 CUI 쪽이 편리합니다. 잘 구분해서 사용할 수 있게 되면 좋겠습니다.

 권장 도서

그림으로 배우는 웹 기술의 구조(쇼에이샤, 2021)(「図解まるわかりWeb技術のしくみ」, 西村泰洋(著), 翔泳社, 2021年, ISBN978-4798169491)

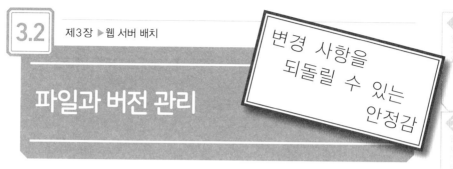

파일과 버전 관리

웹 사이트나 웹 애플리케이션을 개발하다 보면 현재의 수정 내용을 취소하거나 이전 버전과의 변경점을 비교하고 싶을 때가 있습니다. 한 사람이 개발한다면 변경한 파일이 무엇인지 파악할 수 있겠지만 여러 사람이 개발하게 되면 동일한 파일 위치를 다른 사람이 변경함에 따라 충돌이 발생합니다. 이럴 때 편리하게 사용할 수 있는 버전 관리 소프트웨어의 개요와 여러 사람에 의한 개발, 운용 시의 순서에 관해 이해합니다.

▌버전 관리 소프트웨어란

파일 변경 이력을 관리할 때, 새로운 파일을 다른 파일 이름으로 작성하는 방법이 있습니다. '**회의록.txt**'라는 파일의 이력을 관리한다면 '**회의록_ver1.txt**'나 '**회의록_20220101.txt**'과 같이 버전 번호나 날짜를 붙이는 경우가 많을 것입니다.

하지만 이 방법을 사용하면 파일 수가 많아집니다. 또 여러 사람이 각기 다른 규칙으로 파일 이름을 붙이면 어떤 파일이 최신 버전인지 알기 어려워집니다.

이력을 관리하지 않고 파일 서버에 저장하면 같은 파일을 여러 사람이 동시에 편집하게 되어 누가 어떤 변경을 했는지 파악할 수 없습니다(그림 3-4).

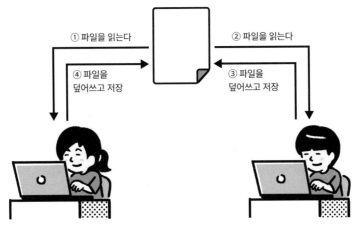

① 파일을 읽는다　　　　② 파일을 읽는다

④ 파일을　　　　③ 파일을
덮어쓰고 저장　　　덮어쓰고 저장

그림 3-4 여러 사람이 같은 파일을 업데이트

웹 개발에서는 여러 사람이 같은 파일을 동시에 수정하거나, 파일을 이전 버전으로 되돌리거나, 여러 파일의 차이를 확인하는 등의 작업이 자주 발생합니다. 어떤 기능을 추가 개발하는 도중에 다른 수정 사항을 급히 반영하기 위해 추가 개발하던 작업을 일단 취소할 때도 있습니다.

몇 줄 안 되는 변경이라면 수작업으로 수정할 수 있겠지만 추가 기능 개발은 여러 파일에 걸쳐 수행하는 경우가 많으며, 이를 수작업으로 오류 없이 원래대로 되돌리기는 매우 어렵습니다.

이와 같이 파일 변경 작업을 지원하는 것이 버전 관리 소프트웨어(Version Control Software, VCS 또는 Version Management System, VMS)입니다. 저장소로 지정한 위치에 파일 변경 이력 등을 저장하고, 저장소에서 차이 여부를 불러옴으로써 이전 상태로 되돌리거나 변경 위치를 확인할 수 있습니다(그림 3-5).

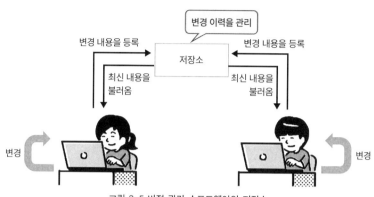

그림 3-5 버전 관리 소프트웨어의 저장소

이외에도 버전 관리 소프트웨어를 사용함으로써 얻는 장점이 있습니다. 예를 들어 웹 사이트를 공개할 때는 개발 환경에서 변경된 내용을 저장소에 반영한 뒤, 검증 환경이나 프로덕션 환경에서 해당 변경 내용을 저장소로부터 불러오기만 하면 배포가 완료됩니다(그림 3-6).

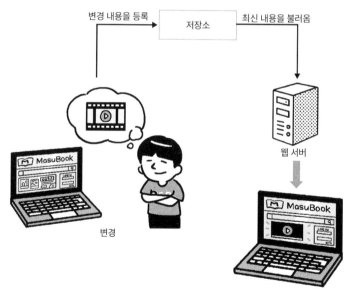

그림 3-6 버전 관리 소프트웨어를 사용해 웹 서버로 배치

FTP나 scp, rsync 등으로 파일을 복사하면 어떤 파일을 변경했는지 기억하면서 작업을 해야 합니다. 이때 버전 관리 소프트웨어를 사용하면 파일 변경

여부가 명확해집니다. 그리고 변경에 따라 프로덕션 환경에서 문제가 발생해도 이전 버전으로 빠르게 되돌릴 수 있습니다.

이렇게 한 위치의 저장소에서 관리하는 버전 관리 소프트웨어로 Subversion이나 CVS(Concurrent Versions System) 등의 집중형 버전 관리 소프트웨어(Centralized VCS)가 있습니다. 한 위치에서 일원화하여 관리할 수 있으므로 파일 이력을 확인하면 언제, 누가, 어떤 파일의 어떤 부분을 변경했는지 쉽게 확인할 수 있습니다.

이런 집중형 버전 관리 소프트웨어에서는 저장소의 내용이 오류가 있는 상태로 업데이트되면 동일한 작업을 공유하는 개발자 모두에게 영향을 줍니다. 그리고 저장소가 있는 네트워크에 접속하지 않은 환경에서는 변경 내용을 반영할 수 없고, 버전 관리도 할 수 없습니다.

분산형 버전 관리 소프트웨어(Distributed VCS)라면 이런 문제를 해결할 수 있어 이용자가 늘어나고 있습니다. 웹 개발에 사용하는 파일을 저장한 저장소를 각 이용자가 가지고 있으며 평소에는 각 저장소(로컬 저장소)를 사용해 개발을 수행할 수 있습니다. 예를 들어 기능 추가 작업을 변경할 때는 중앙 저장소(원격 저장소)의 어떤 버전에 추가할 것인지 결정하고 그 차이를 불러와 충돌이 발생하는지 여부를 확인하며 반영합니다(그림 3-7).

그림 3-7 분산형 버전 관리

저장소를 분산해서 관리하면 다른 개발자의 작업에 신경 쓰지 않고 개발에 집중할 수 있고, 충돌이 발생해도 쉽게 해결할 수 있습니다. 네트워크에 연결되지 않은 환경에서도 로컬 저장소에 등록함으로써 로컬 작업의 버전을 관리할 수 있어 개발 효율이 향상됩니다. 이런 분산형 버전 관리 소프트웨어의 예로 Git, Mercurial 등이 있습니다. 이 책에서는 Git을 사용한 버전 관리 방법에 관해 설명합니다.

Git, GitHub

Git은 웹 개발에 관여하는 기술자들은 물론 디자이너나 기획자와 같은 많은 사람이 사용하는 분산형 버전 관리 시스템입니다.

Git의 원격 저장소에 사용할 서버를 직접 준비하는 방법도 있지만 GitHub 또는 GitLab과 같이 서버를 호스팅하는 서비스도 있습니다. 이 서비스에서는 Git의 저장소 기능과 함께 파일 변경을 원격 저장소에 반영할 때 다른 사람에게 리뷰를 받는 기능(GitHub에서는 풀 리퀘스트(Pull Request)라 부릅니다)을 제공합니다.

여기에서는 Git을 사용해 파일을 로컬 저장소에 등록하고, 원격 저장소 통신을 위한 기본적인 조작 순서를 소개합니다. 그림 3-8의 원으로 감싼 부분이 로컬 컴퓨터에 있는 파일 조작 작업이며, 필요에 따라 원격 저장소에 반영합니다.

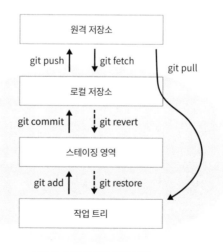

그림 3-8 Git에서의 기본 조작

일반적으로 파일 추가나 변경을 수행하는 위치는 그림 아래쪽에 있는 작업 트리(Working Tree)입니다. 여기에서 작업을 하고, 파일을 변경했다면 git add 명령으로 스테이징 영역에 추가합니다. 등록할 파일만 스테이지 영역에 넣음으로써 변경한 파일 중 저장소에 반영할 파일을 선별할 수 있습니다.

git commit 명령으로 스테이징 영역의 내용을 로컬 저장소에 등록(커밋)합니다. 본인만 버전을 관리한다면 이 로컬 저장소만으로 작업해도 상관없습니다. 다른 개발자와 작업 내용을 공유하려면 git push 명령으로 원격 저장소에 등록(푸시)합니다.

다른 개발자가 변경한 수정 부분을 자신의 로컬에 반영하거나 개발 환경에서 변경한 내용을 프로덕션 환경의 웹 서버에 배치할 때는 git pull 명령어를 사용해 원격 저장소로부터 원하는 파일을 꺼냅니다(풀). 그리고 작업 트리의 내용을 변경하고 싶을 때는 git pull 대신 git fetch와 git merge로 나누기도 합니다. 커밋 혹은 변경을 취소하고자 할 때는 git revert나 git restore, git reset 등의 명령을 사용합니다.

최근에는 명령으로 실행하기보단, GUI 화면에서 조작할 수 있는 GitHub Desktop이나 Sourcetree 등의 소프트웨어도 많이 사용합니다.

▍GitFlow

웹 사이트나 웹 애플리케이션을 공개했다면 여러 개발자가 동시에 기능을 추가하거나 오류를 수정합니다. 혹은 하나의 소프트웨어에 여러 버전이 존재하고, 각각 수정을 적용하기도 합니다. 지금까지 소개한 것처럼 하나의 흐름으로 개발을 진행하는 것만으로는 이런 복잡한 상황에 대응할 수 없습니다.

Git에는 브랜치(Branch)라는 기능이 있습니다. 이름 그대로 나무의 가지와 같은 분기를 의미하며, 개발자는 줄기(원래의 내용)에서 분기한 가지를 대상으로 변경을 수행할 수 있습니다. 분기되어 있으므로 다른 가지의 작업을 고려하지 않고 변경할 수 있는 것이 장점입니다.

기능을 추가하거나 수정을 마쳤다면 다른 브랜치와 통합하는 병합(Merge) 작업을 실시합니다. 이를 통해 최종적으로 여러 위치에서 수행된 변경을 통합할 수 있습니다.

Git에서는 브랜치를 자유롭게 작성할 수 있으므로 여러 개발자가 참가하는 프로젝트에서는 사전에 규칙을 정해두지 않으면 기능 추가 브랜치인지, 오류 수정 브랜치인지 알 수 없습니다. 이렇게 되면 어떤 브랜치를 어떤 시점에서 병합해야 좋을지 판단하기 어렵습니다.

브랜치 운용 규칙으로 GitFlow나 GitHub Flow가 유명합니다. 독자적인 운용 규칙을 정하는 기업도 있지만 여기에서는 대표적인 규칙 2가지를 소개합니다.

GitFlow는 "A successful Git branching model"이라는 블로그에서 소개된 브랜치 운용 모델입니다. 그림 3-9와 같이 master(현재는 main이라는 이름으로 일반적으로 사용합니다)라는 브랜치에서 공개 상태의 파일을 관리합니다. 그리고 가장 처음에 develop이라는 브랜치를 작성해 둡니다.

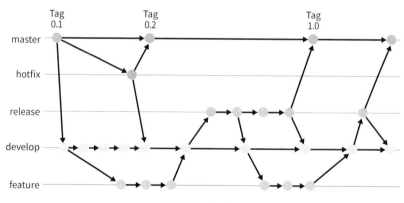

그림 3-9 Git Flow

develop 브랜치로부터 기능을 추가하기 위한 feature라는 브랜치를 작성하고, 평소에는 이 feature에서 개발을 진행합니다. 개발이 마무리되면 develop으로 병합하고 릴리스용 브랜치로 release를 만듭니다. 여기에서 문제가 없으면 이를 main(master)에 병합해서 공개합니다.

만약 급히 수정할 필요가 있으면 main에서 hotfix라는 브랜치를 작성해서 수정한 후 main에 반영하면서 develop에도 병합합니다.

이렇게 릴리스용 브랜치를 작성함으로써 릴리스를 준비하면서 새로운 기능을 추가 개발할 수 있습니다.

GitHub Flow

GitFlow는 대규모 프로젝트도 관리할 수 있는 운용 규칙이지만, 다소 많은 사람이 진행하는 프로젝트에서는 복잡할지도 모릅니다. 브랜치가 복잡해지지 않는 웹 사이트 운영과 같은 프로젝트에서는 보다 단순한 버전 관리로 충분합니다. 그리고 변경이 발생하면 그날 수정해 곧바로 프로덕션에 반영하거나 작은 사이클로 계속해서 릴리스할 때마다 릴리스용 브랜치를 작성하기란 번거롭습니다. 이때 GitHub Flow라는 단순하고 이해하기 쉬운 운용 규칙을 사용합니다.

기본적으로는 main 브랜치를 항상 배포할 수 있는 상태로 하고, 작업용 브랜치를 main에서 작성합니다. 이 작업용 브랜치에서 변경한 내용을 푸시하고 풀 리퀘스트를 요청합니다. 풀 리퀘스트가 승인되면 main에 병합된 후 그대로 배포하게 됩니다(그림 3-10).

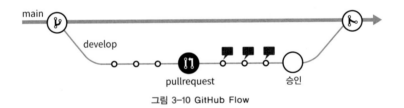

그림 3-10 GitHub Flow

작은 사이클로 실행하면 수정 내용에 문제가 있더라도 main의 내용은 곧바로 되돌릴 수 있고, 풀 리퀘스트의 내용도 쉽게 체크할 수 있습니다. 반대로 생각하면 대규모로 수정하지 않고 자잘한 수정을 반영함으로써 영향을 최소한으로 억제하는 것이 중요합니다.

이런 운용 방법은 웹 사이트 업데이트나 웹 애플리케이션 개발에 적합하다고 말할 수 있습니다. 주의할 점은 프로젝트에 참가 중인 모든 사람이 이런 흐름을 지키는 것입니다. 한 사람이라도 대규모 변경을 실시하면, 다른 사람이 자잘한 수정을 하고자 때 영향을 받게 됩니다.

버전을 관리할 뿐이라면 OneDrive 같은 파일 공유 소프트웨어를 사용해도 괜찮을 것 같은데 버전 관리 소프트웨어를 사용하는 이유는 무엇인가요?

변경한 차이를 간단하게 확인하거나 특정 시점으로 파일을 일괄적으로 되돌리는 데는 버전 관리 소프트웨어가 편리합니다.

그리고 보니 파일 단위의 버전은 되돌릴 수 있지만 특정 시점으로 일괄적으로 되돌리기란 파일 공유 소프트웨어에서는 어렵네요.

또, 여러 사람이 수행한 변경 내용을 병합하는 기능이 편리합니다. 웹 개발 시에는 디자이너나 개발자 등 여러 사람이 개발에 참가하기 때문에 변경에 의한 문제 발생을 최소한으로 억제하는 것이 중요합니다.

 권장 도서

와카바와 함께 배우는 Git 사용 방법 입문(CNR연구소, 2017)(「わかばちゃんと学ぶGit使い方入門〈GitHub, Bitbucket, SourceTree〉」, 湊川あい(著), DQNEO(監修), シーアンドアール研究所, 2017年, ISBN978-4863542174)

웹 애플리케이션 배포

공개할 때의 문제를 줄이는 자동 처리

정적인 웹 사이트라면 로컬 HTML 파일이나 이미지 파일 등을 서버에 덮어쓰거나, Git에서 관리해서 서버 측에 변경을 반영하는 것만으로도 문제 없이 배포할 수 있습니다. 하지만 동적인 프로그램을 배치할 경우 단순히 덮어쓰는 것만으로는 문제가 발생할 가능성이 있습니다. 이에 대한 대책과 실무에서 자주 사용되는 배포 방법에 관해 설명합니다.

캐시 대책

웹 서버에 웹 사이트의 파일을 배치하면 이용자는 웹 브라우저로부터 접근해서 그 파일을 읽습니다. 하지만 과거에 접근한 이용자가 한 번 더 접근하면 웹 서버 측의 파일을 업데이트해도 이용자의 웹 브라우저에는 최신 파일의 내용이 표시되지 않는 경우가 있습니다.

이는 캐시(Cache)가 원인입니다. 웹 브라우저로부터 웹 서버에 접근했을 때 웹 브라우저는 화면에 해당 페이지를 표시할 뿐 아니라 불러온 파일을 웹 브라우저 안에 일정 기간 저장합니다. 로고 이미지 등 여러 페이지에 걸쳐 동일한 이미지를 사용할 때는 캐시를 이용하면 같은 이미지를 웹 서버로부터 여러 차례 다운로드할 필요가 없어져 빠르게 표시할 수 있습니다(그림 3-11).

그림 3-11 웹 브라우저에서의 캐시

하지만 이 '일정 시간 저장하는' 구조가 원인이 되어 앞에서 설명한 문제를 일으킵니다. 웹 서버상의 파일을 업데이트해도 웹 브라우저에 캐시가 남아 있으면 업데이트한 파일을 읽지 못해 오래된 내용이 표시되어 버립니다.

정적인 HTML 파일이라면 오래된 내용이 표시되어도 이용자가 업데이트를 알아채지 못하므로 그만한 영향은 없을지도 모릅니다. 캐시에 정보를 저장하는 기간은 몇 시간에서 며칠 정도가 일반적이므로 그 후에 다시 접근하면 최신 내용이 표시됩니다.

하지만 웹 애플리케이션에서는 캐시가 원인이 되어 오류가 발생할 가능성이 있습니다. 예를 들어 그림 3-12와 같이 index.html이라는 파일에서 main.js라는 프로그램을 호출하는 상황을 생각할 수 있습니다. 개발자가 index.html과 main.js를 웹 서버에서 업데이트하고, 이용자의 브라우저에는 main.js가 과거의 내용으로 캐시되어 있다고 가정해봅니다. 이때 업데이트된 index.html을 읽어도 main.js가 변경되지 않으면 프로그램이 올바르게 동작하지 않을 가능성이 있습니다.

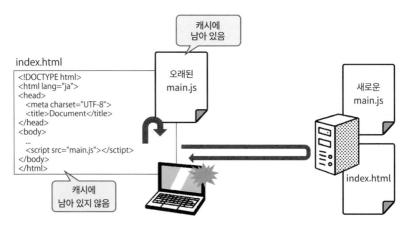

그림 3-12 캐시로 인한 문제

만약 웹 브라우저의 캐시만이 원인이라면 웹 브라우저 설정 화면에서 이 캐시를 삭제하면 문제 없이 동작합니다.

하지만 이는 웹 브라우저가 가진 캐시의 문제만이 아닙니다. 도중에 프록시 서버가 있으면 해당 서버에 데이터가 캐시되어 있을 가능성도 있습니다. 다음 장에서도 소개할 프록시 서버는 관리자의 설정에 따라 이용자에게 보이길 원하지 않는 웹 사이트를 블록하거나, 개인의 단말 IP 주소가 외부에 알려지는 것을 방지하는 역할을 합니다. 추가적으로 누군가가 어떤 웹 사이트에 접근했을 때의 응답을 캐시로 저장해두고, 다른 사람이 같은 웹 사이트에 접근했을 때 이를 반환함으로써 네트워크 회선을 효과적으로 사용하는 목적으로도 도입됩니다. 이 경우는 웹 브라우저에서 캐시를 삭제해도 의미가 없고 프록시 서버에서 캐시를 삭제해야 합니다(그림 3-13).

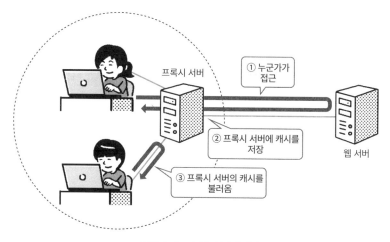

프록시 서버
① 누군가가 접근
② 프록시 서버에 캐시를 저장
웹 서버
③ 프록시 서버의 캐시를 불러옴

그림 3-13 **프록시 서버의 캐시**

이 문제에 대해 몇 가지 대책을 생각할 수 있습니다.

한 가지는 HTTP 헤더로 캐시를 제어해서 웹 브라우저에 캐시하지 않도록 하는 방법입니다. 구체적으로는 다음 장에서 소개할 HTTP 헤더의 'Cache-Control'이라는 행에서 'no-store'를 지정하거나, 'Expire'라는 행에서 유효 기한을 지정함으로써 다음 접근부터 최신 내용을 불러옵니다. 단, 이미지 파일을 캐시하지 않도록 지정하면 해당 파일을 매번 읽게 되어 표시에 시간이 걸립니다.

다른 한 가지는 웹 서버상에서 업데이트했을 때 배치하는 파일 이름을 바꾸는 방법입니다. 파일 이름에 관한 고민이 필요하지만 다른 파일 이름이라면 캐시가 존재하지 않으므로 매번 새로운 내용을 불러옵니다.

파일 이름과 함께 URL의 매개변수를 바꾸는 방법도 자주 사용합니다. 예를 들어 HTML 파일에서 'main.js'라는 자바스크립트 프로그램을 읽을 때, '<script src="main.js"></script>'와 같이 지정함으로써 매개변수를 부여하면 파일 업데이트 시 해당 매개변수를 바꾸면 새롭게 파일을 읽습니다.

배포

웹 애플리케이션을 배포할 때는 파일을 배치하기 전에 웹 애플리케이션을 실행할 수 있는 형식으로 컴파일하는 작업이 필요할 때가 있습니다.

이 작업을 실시하려면 웹 애플리케이션의 일시적인 정지, 웹 서버 재기동 작업이 필요하기도 합니다. 강제적으로 파일을 덮어쓰면 해당 시간에 사용 중인 이용자에게 에러 화면이 표시될 수도 있습니다.

만약 몇 시간 정도의 정지가 허용되는 상황이라면 미리 고지한 상태에서 일시적으로 웹 서버를 정지시킨 뒤 유지보수 작업을 할 수 있겠지만, 이용자는 24시간 365일 항상 사용할 수 있을 것이라 생각하고 있습니다. 이용자가 많다면 단시간의 정지라 하더라도 문의가 쇄도할 것입니다.

서비스를 정지시키지 않고 배포하는 방법으로 블루/그린 배포(Blue/Green Deployment)가 있습니다. 이는 '블루'와 '그린'이라는 2개의 서버 환경을 준비해서 전환하는 방법입니다. 현재 환경이 '블루'에서 동작한다면 새로운 프로그램을 '그린' 환경에 준비하고, 배치가 완료되면 전환합니다(그림 3-14).

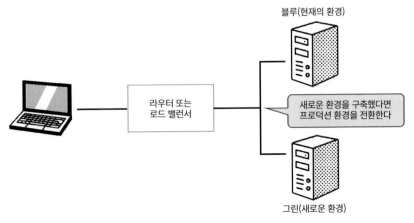

그림 3-14 블루/그린 배포

그린 환경에서 올바르게 동작하는지 확인한 뒤 전환하므로 정지 시간을 최소한으로 억제할 수 있습니다. 전환한 뒤 문제가 발견되어도 곧바로 이전 환경으로 되돌릴 수 있습니다.

임대 서버를 사용하는 경우에는 하나의 서버만 계약하므로 다른 서버를 준비해서 전환할 수는 없습니다. 임대 서버에서는 서버의 재기동을 가정하고 사용하는 것이 아니라, 애초에 재기동할 수 없으므로 파일을 배치하기만 해도 동작하는 프로그램을 선택하는 경우가 많습니다.

디렉터리를 여럿 준비하고 그 심볼릭 링크를 이용해 전환하는 방법도 있습니다. 심볼릭 링크는 Windows의 바로가기와 같이 파일 시스템상에서 연결하는 구조입니다. 예를 들어 디렉터리 A에서 운용 중일 때, 여기에 심볼릭 링크를 작성해 둡니다. 새로운 프로그램을 디렉터리 B에 배치하고, 배치가 완료되면 심볼릭 링크를 B로 전환합니다(그림 3-15).

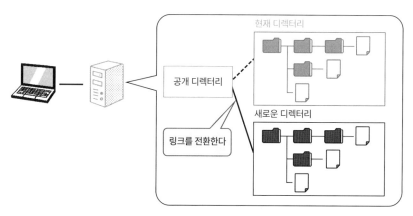

그림 3-15 심볼릭 링크를 이용한 전환

여러 서버를 준비하는 것과 마찬가지로 정지할 시간을 최소한으로 억제할 수 있고, 문제가 발생해도 즉시 원래 환경으로 되돌릴 수 있습니다.

정지 시간을 없애고 싶다면 롤링 배포(Rolling Deployment)라는 방법을 이용할 수 있습니다. 이는 여러 서버를 준비해 두고 로드 밸런서(부하 분산 장치)를 이용해 일부 사용자에게 순서대로 새로운 서버로 나눠 접근하도록 하는 방법입니다. 일부 서버를 전환해 조금씩 이용자를 나눔으로써 문제가 발생하는 이용자를 최소한으로 억제할 수 있습니다(그림 3-16).

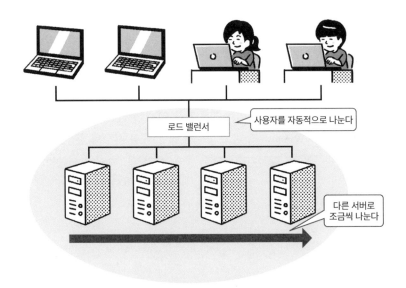

그림 3-16 카나리아 릴리스

이런 방법은 카나리아 릴리스(Canary Release)라고도 하며, 일부 이용자에게 새로운 기능을 시험 삼아 사용하도록 하고, 받은 피드백을 토대로 개발을 진행하는 목적으로 사용됩니다.

CI/CD 채용

수동 배포를 피하기 위해 CI/CD(Continuous Integration/Continuous Delivery, 지속적인 통합/지속적인 전달)라는 방법을 채용하는 개발 환경이 점차 늘고 있습니다. 소스 코드 변경을 감지하면 자동으로 테스트를 수행하고, 항상 릴리스할 수 있는 상태로 유지하는 방법을 가리킵니다.

여기에서는 자세히 다루지 않지만 GitHub 등에서 소스 코드의 변경을 push 하면, GitHub Actions나 CircleCI 같은 CI/CD 도구를 사용해 변경 여부를 체크하고, 테스트를 자동적으로 실행해서 성공하면 해당 파일을 서버 측에 업로드하는 방법이 있습니다(그림 3-17).

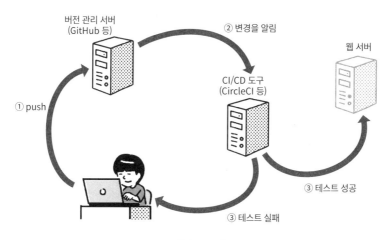

그림 3-17 CI/CD

오류가 있으면 테스트에 실패하므로 문제 발생 여부를 빠르게 감지할 수 있습니다. 배포 결과를 Slack 등 채팅 도구로 알림으로써 올바르게 반영되었는지 확인할 수 있습니다.

테스트가 자동으로 실행된다고 해도 실행할 테스트 자체는 개발자가 작성해야만 합니다. 테스트가 성공하면 웹 서버에도 자동으로 반영되므로 테스트 처리를 작성하는 수고를 고려해도 개발이 원활해질 것입니다.

CI/CD는 테스트, 릴리스, 그 밖의 다양한 처리를 자동화할 수 있으므로 프로그램 개발뿐 아니라 웹 사이트 제작이나 서적 원고 집필 등에도 사용됩니다.

배포까지 자동화하기엔 환경을 구축하기 어렵습니다. 어느 정도의 규모부터 도입하면 좋을까요?

여러 사람이 함께 개발한다면 규모가 작아도 도입해야 합니다. 개인 개발이라면 프로그램을 변경하는 빈도에 따라 고려합니다.

개인일 경우 자동화를 도입했을 때 어떤 장점이 있을까요?

작업을 자동화함으로써 품질이 보장됩니다. 시스템화함으로써 잘못된 명령을 실행하거나 필요한 파일을 삭제하는 등의 문제를 막을 수 있습니다.

 권장 도서

[개정 3판] Jenkins 실천 입문 – 빌드, 테스트, 배포를 자동화하는 기술(WEB+DB PRESS plus)(기술평론사, 2017)(『[改訂第3版]Jenkins実践入門——ビルド・テスト・デプロイを自動化する技術(WEB+DBPRESSplus)』, 佐藤聖規(著, 監修)他, 技術評論社, 2017年, ISBN978-4774189284)

3.4 제3장 ▶ 웹 서버 배치

배포 시 주의점

동작하지 않는다.
실행 권한
부여를 잊었다.

웹 사이트를 공개할 때 웹 서버의 파일을 배치하는 위치의 접근 권한 설정에 주의해야 합니다. 접근 권한 포인트를 제한하지 않으면 보안상의 문제나 웹 사이트 오동작에 대한 원인을 특정하기 위한 예측을 할 수 없습니다. 접근 권한 설정에 관해 살펴봅니다.

▎권한

웹 사이트를 공개할 때 주의할 점이 파일에 대한 접근 권한 설정입니다. 공개 페이지라면 누구나 자유롭게 열람할 권한이 있어야 하겠지만, 마음대로 파일을 삭제하거나 덮어쓰면 문제가 됩니다.

웹 서버를 실행하는 OS가 UNIX 계열인 경우, 파일 접근 권한(Permission)은 '읽기', '쓰기', '실행하기'라는 3개의 권한을 Owner(소유자), Group(그룹), Other(개인)라는 3종류의 사용자(User)에게 부여합니다.

UNIX 계열 OS에서는 해당 OS를 사용할 수 있는 이용자를 사용자로 등록합니다. 사용자가 늘어나도 효율적으로 관리하기 위해 사용자를 그룹에 소속시키고, 그룹 단위로 권한을 설정합니다. 파일에는 소유자가 되는 사용자를 지정합니다. 일반적으로는 해당 파일을 작성한 사람이며, 소유자를 변경할 수도 있습니다. 이 소유자가 가진 파일이나 디렉터리에 대한 권한을 의미하는 것이 Owner입니다.

Group은 그룹 단위로 사용자에 대한 파일이나 디렉터리의 권한을 나타내며, Other는 그 그룹에 속하지 않는 사람에 대한 권한을 나타냅니다.

파일에 대한 권한은 각 단어의 머리글자를 따서 'r(Readable: 읽기 가능)', 'w(Writable: 쓰기 가능)', 'x(eXecutable: 실행 가능)'로 표현합니다.

UNIX 계열 OS에서 'ls -l' 명령을 실행하면 디렉터리 내 파일 목록이 표시됩니다.

```
$ ls -al
total 48
-rw-r--r--   1 moseskim   staff    1150 11 27 15:34 favicon.io
drwxr-xr-x   2 moseskim   staff    4096  8 19 06:57 img
-rw-r--r--   1 moseskim   staff   33182 11 27 15:50 index.html
-rw-r--r--   1 moseskim   staff     882  8 19 06:59 style.css
```

실행 결과 왼쪽에 10개의 정보가 표시되어 있으며, 그림 3-18에 나타낸 권한을 의미합니다. 왼쪽 끝은 파일/디렉터리를 의미하는데 'd'는 디렉터리, '-'는 파일을 나타냅니다. 여기에는 표시되어 있지 않지만 'l'은 심볼릭 링크 등의 링크(Windows의 바로 가기와 같은 것)를 나타냅니다.

디렉터리	Owner			Group			Other		
	읽기	쓰기	실행	읽기	쓰기	실행	읽기	쓰기	실행
d	r	w	x	r	w	x	r	w	x

그림 3-18 파일 속성

나머지 9개는 3개씩 하나의 쌍으로 되어 있으며 왼쪽부터 Owner, Group, Other에 부여된 권한을 의미합니다. 각각 'r(읽기 기능)', 'w(쓰기 가능)', 'x(실행 가능)' 권한 여부를 의미하며 권한이 있으면 'r', 'w', 'x', 권한이 없으면 '-'가 표시됩니다.

위 'index.html'이라는 파일에는 '-rw-r--r--'이라 표시되어 있습니다. 이는 단순한 파일이며 Owner는 읽기와 쓰기가 가능, Group과 Other는 읽기만 가능한 권한을 나타냅니다.

그리고 Owner의 이름(moseskim)과 Group의 이름(staff)이 그 오른쪽에 표시되어 있습니다. 일반적으로 웹 사이트를 배치하면 Owner는 읽기와 쓰기 권한을 가집니다. 웹 사이트 이용자는 Other이므로 읽기 권한만 가집니다. 따라서 HTML 파일이나 이미지 파일 등은 위와 같이 '-rw-r--r--'로 설정합니다.

웹 애플리케이션의 경우 이용자가 접근하면 프로그램이 실행되어야 하므로 '-rwxr-xr-x'과 같이 '실행' 권한을 부여합니다. 권한을 조금 더 줄인다면 '-rw----r---'나 '-rwx---r-x'와 같이 Group에 권한을 주지 않고 설정하기도 합니다.

권한을 설정할 때는 'r', 'w', 'x'를 2진수로 표현하며, r은 2^2=4, w는 2^1=2, x는 2^0=1로 나타냅니다. 즉, 'rw-'라면 4+2=6, 'r--'라면 4, 'r-x'라면 4+1=5를 의미합니다.

FTP 등으로 파일을 전송할 때 기본적으로 권한을 지정할 수 있습니다. 전송한 뒤 권한을 변경할 때는 다음과 같이 chmod 명령을 사용해서 설정합니다. '755'에서 3명의 사용자에게 부여된 권한을 알 수 있겠나요?

```
$ chmod 755 index.html
```

▌public_html 폴더

파일은 웹 서버 소프트웨어의 설정 파일에서 설정한 디렉터리에 배치합니다. 임대 서버라면 각 사용자에게 할당된 디렉터리에 'public_html'이나 'public'이라는 디렉터리가 사전에 제공되므로 내부에 저장합니다. 여기가 웹 서버의 루트 디렉터리입니다(그림 3-19).

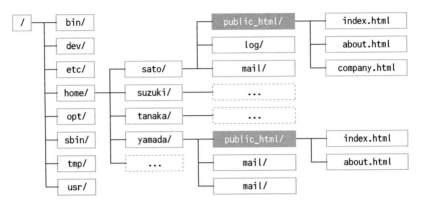

그림 3-19 임대 서버 등에서의 디렉터리 구성

즉, 이 public_html이라는 디렉터리 안에 배치된 파일이 공개되고, 웹 브라우저로부터 접근할 수 있습니다. 표시를 원하지 않는 설정 파일 등은 다른 디렉터리에 배치합니다.

그리고 public_html 아래의 디렉터리에 배치하면 웹 브라우저에서는 열람할 수 없지만, 임대 서버 등에서 같은 서버를 이용 중인 사람들은 열람 가능한 경우도 있습니다. 이런 경우에는 앞에서 설명한 권한을 사용해 자신만 접근할 수 있도록 '-rw------(600)' 등으로 설정하면 좋을 것입니다.

파일 이름을 생략했을 때의 동작

사용자가 웹 브라우저로부터 접근했을 때 웹 서버에 배치된 파일을 반드시 지정한다고 말할 수는 없습니다. 예를 들어 다음과 같은 URL에 접근했을 때의 동작을 생각해봅시다.

```
http://www.infopub.co.kr/
```

여기에서 URL에 파일 이름은 시성되어 있지 않습니다. 이때 웹 브라우저에 표시되는 내용은 웹 서버 설정에 따라 다릅니다. 일반적인 웹 서버에서는 지정된 디렉터리에 있는 'index.html'이나 'index.htm'과 같은 이름의 파일을 찾습니다.

만약 파일이 존재하면 해당 파일을 표시하며, 존재하지 않으면 디렉터리에 있는 파일 목록을 표시합니다. 보안을 위해 index.html 등의 파일을 발견하지 못하면 에러를 반환하는 설정도 점차 늘고 있습니다.

URL에 지정한 위치에 파일을 배치하지 않고, 표시하는 내용을 프로그램으로 제어하기도 합니다. 웹 프레임워크의 기능을 이용해 다양한 경로에 대한 처리를 하나의 프로그램에서 받고, 프로그램이 적절한 결과를 반환하도록 구성합니다.

예를 들어 라라벨로 제작된 웹 사이트에서 'https://example.com/tasks/123'이라는 URL에 접근하면 'https://example.com/' 바로 아래에 있는 'index.php'라는 파일이 실행됩니다. URL에 지정된 'tasks'나 '123'이라는 값을 읽어 index.php라는 프로그램에서 개별 처리를 호출하도록 설정되어 있습니다. 때문에 실제로는 'tasks'라는 이름의 디렉터리도, '123'이라는 이름의 파일도 존재하지 않습니다. 이 경우 TaskController라는 Controller[1]가 실행되고, 데이터베이스 안의 tasks라는 테이블에서 ID가 123인 행의 데이터를 취득해서 표시하는 처리를 실행하는 형태로 많이 구현합니다.

▌admin 권한

임대 서버에서는 사업자로부터 제공된 디렉터리에 계약자는 접근할 수 있지만, 그 밖의 디렉터리에는 권한이 없어 기본적으로는 접근할 수 없습니다. 예를 들어 소프트웨어를 도입하고 싶어도, 설치하고자 하는 디렉터리에 접근 권한이 없을 때가 있습니다.

자유롭게 소프트웨어를 도입하고 싶다면 관리자 권한을 부여받은 서버를 사용해야 합니다. 임대 서버에는 1대의 서버를 공유하는 공용 서버 외에, 독점 사용하는 전용 서버를 선택할 수도 있습니다. VPS나 PaaS, IaaS 등의 서버를 사용하거나 직접 서버를 구축할 수도 있습니다.

---

[1] Controller는 1장의 1.3절에서 소개한 MVC 모델을 참조하기 바랍니다.

이 관리자 권한을 UNIX 계열의 OS에서는 `admin` 권한이라 부릅니다 (Windows에서는 Administrator 권한). 서버를 빌릴 때 이 admin 권한을 이용할 수 있는지 여부가 서버를 선택하는 기준이 될 것입니다.

admin 권한이 있으면 자유롭게 소프트웨어를 설치할 수 있지만 부적절한 조작이나 설정에 따라 보안상의 문제가 발생할 수도 있습니다. 인터넷에 공개하기 위해 사용하는 서버는 공격을 받을 가능성을 항상 고려해야 합니다. 충분한 지식이 없다면 임대 서버를 이용하는 편이 좋겠습니다.

파일 접근 권한에 관해서 주로 설명했습니다. 이외에 주의할 점이 또 있을까요?

예를 들어 데이터베이스의 접근 권한을 생각할 수 있습니다. 웹 애플리케이션에서는 일반적으로 하나의 데이터베이스 사용자로서 접근하기 때문에 세세하게 설정하는 경우는 적지만 사내 시스템에서는 시스템별로 사용자를 나누는 것이 좋습니다.

시스템별이란 구체적으로 어떤 관리인가요?

예를 들어 인사 정보나 경리 정보 등, 같은 회사에 속한 사람이라도 권한이 없으면 보지 못하도록 설정하는 방법 등을 생각할 수 있습니다.

 권장 도서

체계적으로 배우는 안전한 웹 애플리케이션 작성 방법 2판, 취약성이 발생하는 원리와 대책 실전(SB크리에이티브, 2018)(『体系的に学ぶ安全なWebアプリケーションの作り方第2版 脆弱性が生まれる原理と対策の実践』, 徳丸浩(著), SBクリエイティブ, 2018年, ISBN978-4797393163)

4

웹과 관련된
네트워크

TCP/IP

번호로 통신 상대를 지정한다

1장에서 설명했듯 TCP/IP는 계층 구조로 구성되어 있습니다. 계층에 따라 어떤 방식으로 통신하는지 알지 못하면 웹 사이트가 표시되지 않거나 표시에 시간이 걸리는 등의 문제가 발생했을 때 원인을 알 수 없습니다. TCP/IP의 기초 지식을 익혀 둡니다.

IP 주소

우리가 우편이나 택배를 이용할 때 주소가 필요하듯 인터넷에서도 통신 상태의 위치를 특정하는 구조가 필요합니다. 상대 컴퓨터가 네트워크의 어디에 있는지 식별하기 위한 값을 IP 주소(IP Address)라 부릅니다.

유선/무선 LAN 등 하나의 컴퓨터에 여러 네트워크 인터페이스를 갖추고 있는 기종을 생각하면, IP 주소에 따라 컴퓨터를 식별한다기보단 네트워크 인터페이스를 식별한다는 설명이 정확할 것입니다. 여기에서는 한 대의 컴퓨터에 하나의 네트워크 인터페이스가 있으며 IP 주소가 부여되어 있다고 가정합니다.

IP 주소는 IP라는 프로토콜에서 사용되는 주소로 TCP/IP의 인터넷 층에서 사용됩니다. IP에는 현재 IPv4(Internet Protocol version 4)와 IPv6(Internet Protocol version 6)의 2가지 버전이 사용되고 있습니다.

IPv4의 IP 주소는 32비트 정수로 컴퓨터 내부에서는 2진수로 처리됩니다. 그림 4-1과 같이 32비트의 정수를 8비트씩 4개로 분할하고, 10진수 값을 '.'으로 연결해서 표현합니다.

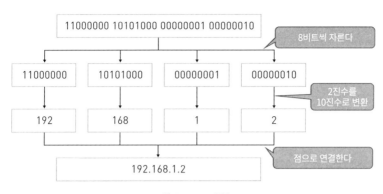

그림 4-1 IPv4 주소

네트워크에 접속 중인 모든 컴퓨터에 IP 주소가 부여되며, 인터넷상에서 같은 IP 주소가 존재해서는 안 됩니다. 이를 통해 인터넷에 접속 중인 모든 컴퓨터를 IP 주소만으로 식별할 수 있습니다.

32비트이므로 2^{32}개의 IP 주소가 할당되고, 약 43억 개의 주소를 식별할 수 있습니다. 하지만 세계 인구는 80억 명에 가까우며 한 사람이 여러 컴퓨터를 사용하는 상황을 생각하면, IP 주소가 부족한 것은 확실합니다.

그래서 조직이나 가정과 같은 내부 네트워크만으로 유효한 사설 IP 주소(Private IP Address)를 사용합니다. 반대로 인터넷상에서 사용되는 IP 주소를 공인 IP 주소(Public IP Address)라 부릅니다. 조직 혹은 가정 네트워크에 하나의 공인 IP 주소를 할당하고, 이를 여러 사설 IP 주소에 공유함으로써 적은 IP 주소를 효과적으로 사용할 수 있습니다. 이런 방법으로 그림 4-2와 같은 NAT(Network Address Translation)와 NAPT가 있습니다.

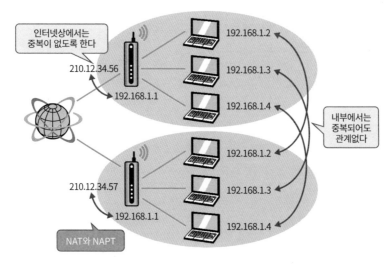

인터넷상에서는
중복이 없도록 한다

210.12.34.56

192.168.1.1

192.168.1.2

192.168.1.3

192.168.1.4

내부에서는
중복되어도
관계없다

210.12.34.57

192.168.1.1

192.168.1.2

192.168.1.3

192.168.1.4

NAT와 NAPT

그림 4-2 NAT나 NAPT에서의 변환

그리고 조직 내부에서 네트워크에 접속할 때를 생각했을 때, 각각의 단말에 고정 IP를 할당하는 방법도 있지만 같은 IP가 중복되면 통신을 할 수 없습니다. 단말이 많지 않다면 중복되지 않도록 할당하면 되지만, 접속하는 단말 수가 늘어나면 관리가 어려워집니다. 그리고 랩톱으로 다른 네트워크에 연결할 때는 매번 IP 주소의 설정을 바꿔야 하므로 불편합니다.

그래서 네트워크에서 접속할 때 라우터 등의 기기를 사용해 비어 있는 사설 IP 주소를 자동적으로 할당하는 DHCP(Dynamic Host Configuration Protocol)라는 구조가 있습니다. 이를 사용하면 같은 네트워크에서 중복되지 않게 사설 IP 주소가 자동적으로 할당됩니다. 가정 내의 LAN에서는 이 방법을 자주 사용합니다.

이런 방식을 이용해 IP 주소를 할당하는 단말의 수가 크게 증가했지만, 현재는 전 세계에서 많은 단말이 인터넷에 연결되어 있습니다. 한 사람이 여러 대의 PC를 사용하고 있고, 스마트폰이나 태블릿 단말, 또한 스마트 스피커나 웹 카메라, 에어컨이나 TV 등을 인터넷에 연결하는 IoT 단말이 조금씩 보급되고 있습니다. 기업에서는 센서 등을 이용하는 빈도도 늘어나고 있습니다.

단말 수는 전 세계적으로 계속해서 늘어나고 있으며, 어떻게 하더라도 IP 주소는 부족하기에 조금씩 IPv6라는 새로운 버전으로 점차 마이그레이션되고 있습니다. IPv6의 IP 주소는 128비트를 16비트씩 분할하고, 16진수로 ':'로 연결해서 표시합니다(그림 4-3).

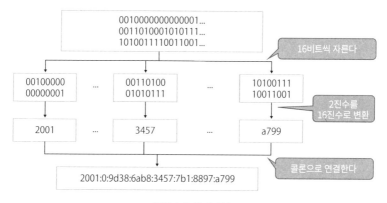

그림 4-3 IPv6 주소

이때 '0'이 연속되는 경우에는 생략할 수 있습니다. 예를 들어 '2001:0:0:0:0:0:0:a799'는 '2001::a799'로 쓸 수 있지만 '2001:0:0:6ab8:0:0:0:a799'를 '2001::6ab8::a799'과 같이 쓸 수는 없습니다. '2001:0:0:0:6ab8:0:0:a799'와 '2001:0:6ab8:0:0:0:0:a799'는 같은 표현이 되며, 0이 몇 개 생략되었는지 알 수 없게 되므로 한 군데만 생략 가능하도록 정해져 있습니다. 위 예시는 '2001:0:0:6ab8::a799'로 표현됩니다.

PC에 설정되어 있는 IP 주소를 확인해봅니다.

Windows에서는 '설정'에서 '네트워크와 인터넷'을 열면 그림 4-4와 같이 IP 주소를 확인할 수 있습니다.

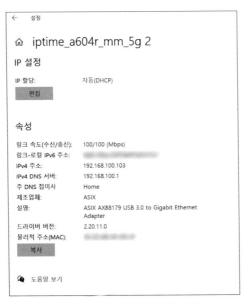

그림 4-4 Windows에서의 IP 주소 확인

macOS에서는 '시스템 환경 설정'에서 '네트워크'를 열면 그림 4-5와 같이 IP 주소를 확인할 수 있습니다.

그림 4-5 macOS에서의 IP 주소 확인

이용자 측에서는 IPv4와 IPv6를 모두 사용하는 환경이 늘어나고 있지만, 웹 서버 측에서는 임대 서버 등에서 아직 IPv4를 주로 사용합니다. 때문에 'IPv4 over Ipv6'라는 기술이 사용됩니다. 이용자와 공급자 사이에는 IPv6로 통신하지만, IPv4의 패킷[1]을 IPv6에(패킷을 감싸) 전송함으로써 공급자 측 인터넷에서는 IPv4로 송신하는 방법입니다.

자신의 PC 네트워크 설정을 확인해본 후, 사용 중인 웹 서버가 IPv6에 대응하는지 다음 웹 사이트에서 확인해 보기 바랍니다.

- IPv6 test – web site reachability: https://ipv6-test.com/validate.php

포트 번호

하나의 소프트웨어만 실행한다면 IP 주소만 특정하면 통신할 수 있습니다. 하지만 컴퓨터에서는 많은 소프트웨어가 실행되고 있습니다. 예를 들어 우리는 PC에서 웹 브라우저로 통신을 하면서 메일 소프트웨어도 사용합니다. 서버 측에서도 웹 서버와 메일 서버, 데이터베이스 서버 등이 한 대의 서버 기기에서 동작하는 환경이 흔치는 않습니다.

통신하는 컴퓨터를 IP 주소로 식별할 수 있더라도 어떤 소프트웨어와 통신해야 하는지 판단해야 합니다. 이를 위해 사용되는 것이 포트 번호로, TCP/IP의 트랜스포트 층에서 사용됩니다. IP 주소를 건물 주소라 하면 포트 번호는 호실 번호에 해당합니다.

웹 서버나 메일 서버 등 자주 사용되는 서버에는 일반적으로 정해진 포트 번호가 있으며 잘 알려진 포트(Well-Known Ports, 웰노운 포트)라 부릅니다. 잘 알려진 포트를 사용하면 서버 측은 이용자에게 포트 번호를 전달할 필요가 없습니다. 포트 번호가 정해져 있다면 특정 메이커나 제품에 상관없이 이용할 수 있습니다. 자주 사용되는 포트 번호는 표 4-1과 같습니다.

---

1 통신하는 데이터의 덩어리.

표 4-1 잘 알려진 포트의 예

포트 번호	서비스 내용
22	SSH
25	SMTP
80	HTTP
110	POP3
443	HTTPS
465	SMTP over SSL
587	서브미션 포트(메일 송신)

포트 번호는 0~65535까지의 범위에서 자유롭게 결정할 수 있지만, 잘 알려진 포트는 이 중에서 0~1023까지의 포트를 가리킵니다. 웹 애플리케이션 개발에서 테스트를 할 때, 자신의 PC에서 임시로 웹 서버를 구축해 웹 애플리케이션의 동작을 확인하는 경우가 있습니다. 이때 잘 알려진 포트 이외의 포트 번호를 선택하게 됩니다. HTTP의 80번과 비슷한 8000번이나 8080번 포트를 자주 사용합니다.

예를 들어 로컬 PC에서 8000번 포트 번호를 사용해 웹 서버를 기동하고 테스트할 때는 웹 브라우저의 URL 필드에 'http://127.0.0.1:8000'과 같이 IP 주소와 포트 번호를 입력해서 접속합니다('127.0.0.1'은 자신의 PC를 가리키는 특수한 IP 주소).

클라이언트 측에도 포트 번호가 필요합니다. 클라이언트에는 잘 알려진 포트 이외에 비어 있는 적당한 포트 번호를 OS가 할당합니다. 웹 사이트를 열람하는 때 'netstat'이라는 명령을 시행하면 서버 측과 클라이언트 측에서 어떤 포트 번호가 사용 중인지 확인할 수 있습니다.

다음 예에서는 로컬 PC(192.168.1.132)의 53549번 포트와 웹 서버(162.43.116.155)의 443번 포트 사이에서 통신 중인 상황을 나타냅니다.

Windows의 예

```
C:\> netstat -an
tcp4    0    0 192.168.1.132.53549    162.43.XXX.XXX.443    ESTABLISHED
......
```

macOS의 예

```
$ netstat -an
tcp4    0    0 192.168.1.132.53549    162.43.116.155.443    ESTABLISHED
......
```

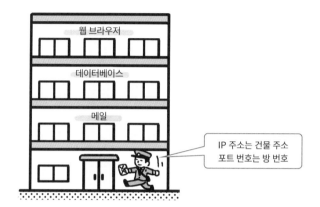

IP 주소는 건물 주소
포트 번호는 방 번호

도메인 이름

IP 주소는 '주소'라 부르지만 이미지로서는 '위도/경도'에 가까우며 우리가 쉽게 알 수는 없습니다.

이용자 입장에서 공개된 웹 사이트의 IP 주소를 직접 입력하는 방법은 불편합니다. 그래서 사람이 알기 쉽도록 주소와 같은 도메인 이름(Domain Name)을 설정하고 IP 주소에 대응시킵니다. 도메인 이름은 전자 메일 송수신을 위한 메일 주소나 웹 사이트를 열람할 때 URL에 사용됩니다. 일반적으로 도메인은 영역을 나타내고, 그 영역에 할당된 이름을 도메인 이름이라 부르지만 같은 의미로 사용하기도 합니다.

도메인 이름은 'example.co.kr'과 같이 '.(점)'으로 구분하며, 도메인 이름 마지막(오른쪽 끝)을 TLD(Top Level Domain)라 부릅니다. TLD에는 그림 4-6과 같은 종류가 있으며 도메인을 사용하는 조직이나 상품, 조직이 위치한 지역 등에 맞춰 선택합니다.

TLD	용도
com	상용
net	네트워크
org	조직, 비영리 단체
info	정보 발신

TLD	용도
jp	일본
cn	중국
kr	한국
fr	프랑스

TLD	용도
site	웹 사이트
blog	블로그
tokyo	동경
app	애플리케이션

그림 4-6 TLD 예

'.'으로 구분해 오른쪽 끝부터 왼쪽으로 이동하며 '2레벨 도메인', 한 번 더 왼쪽으로 이동해 '3레벨 도메인'이라 부르며, 그림 4-7과 같은 계층 구조로 나타낼 수 있습니다. 'example.com'과 같이 2레벨만으로 구성되는 도메인도 있습니다.

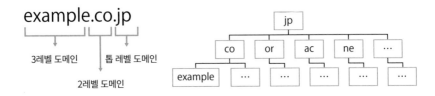

그림 4-7 도메인 계층

도메인 이름에는 영문자(A~Z)와 숫자(0~9) 이외에 하이픈을 사용할 수 있으며 대문자와 소문자는 구별하지 않습니다. 최근에는 국제화 도메인 이름이라 불리는 규격이 등장했으며 한글, 한자도 사용할 수 있습니다.

도메인 취득 대행업자에게 의뢰해 취득 비용을 지불하면 사용되지 않는 도메인 이름이라면 자유롭게 취득할 수 있습니다. 다른 곳에서 사용되지 않는 문자열 중에서 선택해서 취득한 도메인을 독자 도메인(Custom Domain)이라 부릅니다. 기업이나 상품 이름으로 독자 도메인을 취득하면 이용자가 알기 쉬우며, 높은 신뢰성을 줄 수 있습니다.

도메인 소유자는 독자 도메인 앞에 서브 도메인을 자유롭게 작성할 수 있습니다. 예를 들어 도쿄부 시부야구의 공식 사이트에서는 다음 URL을 사용하고 있습니다.

- 시부야구 공식 사이트 https://www.city.shibuya.tokyo.jp/

여기에서는 'shibuya.tokyp.jp'라는 도메인에 'city'라는 서브 도메인, 그리고 그 앞의 서브 도메인으로 'www'를 할당하고 있습니다. 이와 같이 계층적으로 서브 도메인을 관리할 수 있습니다.

일반적으로는 서브 도메인 단위로 웹 서버를 할당합니다. 물론 한 대의 웹 서버에 여러 서브 도메인을 동작시킬 수도 있으며, 전혀 다른 위치에 있는 웹서버에 할당할 수도 있습니다.

이 서브 도메인 단위의 웹 서버를 호스트라 부르며, 그 이름을 호스트 이름이라 부릅니다. 예를 들어 www.example.com에서는 example.com 부분이 도메인 이름, www가 호스트 이름입니다.

그리고 이 호스트 이름과 도메인 이름을 합쳐서 FQDN(Fully Qualified Domain Name, 전체 주소 도메인 네임)이라 부릅니다(그림 4-8).

그림 4-8 URL과 FQDN

DNS

이용자가 입력한 FQDN만으로는 그 서버가 인터넷상의 어디에 있는지 알 수 없기에 FQDN을 IP 주소로 변환해서 웹 서버를 특정합니다.

간단한 방법은 직접 FQDN과 IP 주소의 대응표를 작성하는 것입니다. 조직에서 사용하는 서버에 독자적인 이름을 할당하고 싶은, 자신이 알기 쉬운 이름으로 접근하고자 하는 경우에 사용할 수 있는 편리한 방법으로 hosts라는 파일에 대응표를 준비합니다. Windows에서는 'C:\Windows\System32\drivers\etc\hosts', macOS에서는 '/etc/hosts'라는 파일이 제공되며, 이 파일을 관리자 권한으로 덮어씌워 설정할 수 있습니다(그림 4-9).

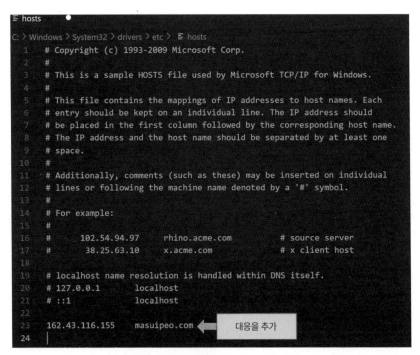

```
≡ hosts

C: 〉 Windows 〉 System32 〉 drivers 〉 etc 〉 ≡ hosts
  1  # Copyright (c) 1993-2009 Microsoft Corp.
  2  #
  3  # This is a sample HOSTS file used by Microsoft TCP/IP for Windows.
  4  #
  5  # This file contains the mappings of IP addresses to host names. Each
  6  # entry should be kept on an individual line. The IP address should
  7  # be placed in the first column followed by the corresponding host name.
  8  # The IP address and the host name should be separated by at least one
  9  # space.
 10  #
 11  # Additionally, comments (such as these) may be inserted on individual
 12  # lines or following the machine name denoted by a '#' symbol.
 13  #
 14  # For example:
 15  #
 16  #      102.54.94.97     rhino.acme.com          # source server
 17  #       38.25.63.10     x.acme.com              # x client host
 18
 19  # localhost name resolution is handled within DNS itself.
 20  # 127.0.0.1       localhost
 21  # ::1             localhost
 22
 23  162.43.116.155    masuipeo.com        ← 대응을 추가
 24  |
```

그림 4-9 hosts 파일을 이용한 IP 주소 대응

이 방법은 설정은 간단하지만 등록하는 IP 주소의 수가 늘어나면 관리가 어려워집니다. 사내의 여러 PC에서 동일한 설정을 사용하고 싶다면 각 PC에 같은 내용을 설정하거나 인터넷을 경유해서 접근하는 불특정 다수의 사람의 PC에 설정해야 하지만 현실적이지 않습니다.

IP 주소가 변하면 당연히 이 대응표를 변경해야만 합니다. 네트워크의 구성이나 임대 서버 사업자가 바뀌면 IP 주소가 변할 가능성이 있으며 IP 주소를 수동으로 관리하기란 현실적이지 않습니다.

그렇기에 일반적으로는 이 대응표를 DNS(Domain Name System) 서비스에서 관리하고, 해당 웹 서버 등에 접근하기 전에 이 서버에 질의합니다. 전 세계의 인터넷 통신에 대한 대응표를 한 대의 서버에서 관리하면 부하가 높아지므로, 여러 서버에 분산해서 관리하고 있습니다.

이때 각 도메인의 DNS 서버는 그 자신이 관리하는 도메인 정보와 서브 도메인의 DNS 서버 정보만 저장합니다. 그리고 저장하고 있지 않은 정보를 요청받았을 때 다른 DNS 서버에 질의합니다.

예를 들어 'example.com'이라는 도메인을 운영 중인 관리자가 서브 도메인으로서 'www'를 설치하는 경우 'example.com'의 DNS 서버를 설치한 후 'www'라는 웹 서버의 IP 주소를 관리합니다. 그리고 이 DNS 서버의 IP 주소를 'com'의 DNS 서버에 등록해 둡니다.

이용자가 'www.exaple.com'의 IP 주소를 알고자 하는 경우, 다음 순서와 같이 여러 DNS 서버에 접근하면 결과가 반환됩니다. 그리고 한 차례 질의해서 얻은 결과는 공급자 등에서 제공하는 DNS 서버가 캐시해서 저장해 둡니다. 이를 '캐시 DNS 서버'라 부르며 특정 서버에 큰 부하를 주지 않고 체계적으로 관리할 수 있습니다(그림 4-10).

① PC로부터 공급자 등의 '캐시 DNS 서버'에 질의한다.

② 캐시 DNS 서버가 모르는 호스트 이름을 요청받으면 '루트 DNS 서버'에 문의한다.

③ 루트 DNS 서버는 'com'의 DNS 서버 중 하나에 질의할 수 있도록 그 IP 주소를 반환한다.

④ 'com'의 DNS 서버를 하나 선택하고, 그 서버로 'example.com'에 관한 정보를 질의한다.

⑤ 'com'의 DNS 서버는 'example.com'의 DNS 서버의 IP 주소를 반환한다.

⑥ 'example.com'의 DNS 서버에 'www.example.com'의 정보를 질의한다.

⑦ 'example.com'의 DNS 서버는 'www.example.com'의 IP 주소를 저장하고 있으므로 해당 IP 주소를 반환한다.

⑧ 캐시 DNS 서버는 취득한 IP 주소를 원래 PC로 반환한다.

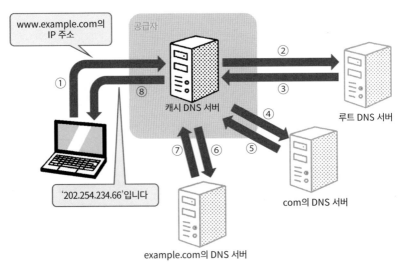

그림 4-10 DNS의 구조

이렇게 캐시 DNS 서버가 다른 서버에 대한 질의를 반복해서 실행합니다.

이용자가 URL을 입력하면 DNS 서버에 질의해 웹 서버의 IP 주소를 알고, HTTP 또는 HTTPS의 포트 번호를 사용해 웹 서버에 도달할 수 있습니다.

 웹 애플리케이션뿐 아니라 메일 송신 시에도 IP 주소를 얻는 구조는 같습니까?

 상대 메일 주소로부터 DNS 서버로 IP 주소를 얻는 구조는 같습니다. DNS 서버에서 메일용 레코드(MX 레코드)가 설정되어 있으며, 그 IP 주소를 취득합니다.

 그다음은 메일용 포트 번호로 서버를 특정하는군요.

 권장 도서

그림으로 배우는 네트워크의 구조(쇼에이샤, 2018)(『図解まるわかりネットワークのしくみ』, Gene(著), 翔泳社, 2018年, ISBN978-4798157498)

보고 싶지 않은
404 메시지

HTTP

일반적으로는 웹 서버와의 통신 여부를 거의 의식하지 않지만 웹 사이트를 운영하거나 웹 애플리케이션을 개발하는 입장이 되면 그 이면에서 어떤 통신이 이루어지고 있는지 알아야 합니다. 개발용 도구를 사용해서 확인할 수 있는 통신 내용이나 안전한 통신을 하기 위한 구조에 관해 알아 둡니다.

URL과 URI

URL은 인터넷상에서 파일의 위치를 지정하기 위한 것이었습니다. 그리고 앞 절의 '도메인 이름'에서도 설명한 것처럼 URL은 프로토콜과 FQDN, 디렉터리 이름, 파일 이름 등으로 구성됩니다.

실제로는 다음과 같이 포트 번호나 매개변수를 지정할 수도 있습니다.

- 포트 번호나 매개변수를 추가한 URL의 예:[1]

  https://www.example.com:443/path/to/file.php?key1=value1&key2=value2

이는 다음과 같은 의미입니다.

- 'https'라는 프로토콜을 사용해
- 'www.example.com'이라는 서버의 '443번 포트'에 접근해서
- /path/to/file.php라는 파일에

---

1 이 URL에는 접속할 수 없습니다.

- 'key1'이라는 매개변수에 'value1'이라는 값을 전달하고
- 'key2'라는 매개변수에 'value2'라는 값을 전달한다.

URL은 왼쪽 끝의 https 뒤에 있는 ':(콜론)'을 기준으로 스킴(Scheme)과 기타 부분으로 나눠집니다.

<스킴>:<기타 부분>

일반적으로 URL은 위와 같이 http나 https로 시작한다고 생각하겠지만 그밖에도 표 4-2와 같은 스킴이 있습니다.

표 4-2 스킴의 예

스킴	내용
mailto	메일
tel	전화
ftp	FTP

예를 들어 웹 페이지 안의 링크를 클릭했을 때 메일 소프트웨어를 열고 싶다면 링크 대상 URL로서 다음과 같이 메일 주소를 기재합니다. 이는 mailto라는 스킴을 사용하는 URL입니다.

```
<a href="mailto:info@example.com">메일 송신</a>
```

그리고 커스텀 URL 스킴이라는 독자적인 스킴을 만들 수도 있습니다. 예를 들어 iOS의 사파리 주소 입력 필드에 'weather:/'라는 문자를 URL로 입력하면 iOS의 날씨 애플리케이션이, 'music:/'을 입력하면 음악 애플리케이션이 기동합니다. 트위터 애플리케이션이 설치되어 있다면 'twitter:/'라고 입력해서 애플리케이션을 기동할 수 있습니다. 애플리케이션 개발자는 독자 스킴을 설정해 자동으로 애플리케이션을 기동할 수 있도록 자유롭게 만들 수 있습니다.

URL 스킴 이외의 부분은 http나 https가 스킴인 경우 출처, 파일 경로, 쿼리, 프래그먼트로 나눌 수 있습니다.

출처/경로?쿼리#프래그먼트

출처(Origin) 부분은 앞 절의 '도메인 이름'에서 소개한 FQDN의 내용에 포트 번호를 추가로 지정한 것으로 스킴, FQDN, 포트 번호를 합쳐서 출처라 부릅니다. 보안 등을 고려할 때는 이 출처를 기준으로 생각하므로 출처가 나타내는 범위를 알아 둡시다(표 4-3).

표 4-3 **출처의 차이**

사이트 A	사이트 B	출처
http://example.com	http://example.com:80	같다
http://example.com	https://example.com	다르다
http://site.example.com	http://www.example.com	다르다
https://example.com	https://example.com:443	같다
https://example.com	https://infopub.co.kr	다르다

포트 번호에 아무것도 지정하지 않으면 앞 절의 '포트 번호'에서 소개한 잘 알려진 포트가 사용됩니다. 즉, http라면 80번, https라면 443번입니다. 개발 환경에서는 웹 서버로서 80번이 아니라 8000번이나 8080번이라는 값을 사용한다고 소개했습니다. 이런 독자 포트 번호를 사용하고 싶다면 ':' 뒤에 그 번호를 지정합니다.

```
http://localhost:8080
```

여기에서 localhost는 실행 중인 컴퓨터를 가리킵니다. IP 주소에서는 IPv4일 때는 '127.0.0.1', IPv6일 때는 '::1'이 해당합니다. 따라서 다음과 같이 URL에 IP 주소를 지정할 수도 있습니다.[2]

- http:///127.0.0.1:3030 (IPv4)
- https://[::1]:8080 (IPv6)

---

2 IPv6일 경우 포트 번호와 구별하기 위해 IP 주소 부분을 [와]로 감싸서 표현합니다.

디렉터리 이름과 파일 이름으로 구성된 경로(Path) 부분은 웹 서버 내부에서 해당 파일이 있는 위치까지의 계층 구조를 나타냅니다. 경로 뒤에는 쿼리와 프래그먼트를 지정할 수 있습니다.

쿼리(query)는 URL 끝의 '?'라는 기호 뒤에 지정하는 항목이며, '&'으로 구분해서 여러 항목을 전달할 수 있습니다. 이 항목에 따라 웹 서버상의 웹 애플리케이션의 처리 내용을 바꾸는 구조도 있습니다. 프래그먼트(fragment)는 웹 페이지 내부의 특정한 위치를 나타내며, 웹 브라우저 측에서 표시 위치를 바꾸기 위해 사용합니다. 프래그먼트가 지정되어 있으면 지정된 요소의 위치까지 웹 브라우저가 자동으로 스크롤해서 표시합니다.

URL은 파일 위치를 이동함에 따라 달라집니다. 영구적으로 사용하고 싶다면 URN(Uninform Resource Name)을 사용할 수 있습니다. 예를 들어 서적에서는 'urn:isbn:9784297105143'과 같이 ISBN을 활용한 URN을 사용합니다. 구체적으로는 다음과 같이 HTML 안에 지정합니다.

```
<blockquote cite="urn:isbn:9784297105143">
  '기초부터 배우는 프로그래밍 리터러시'에서 인용
</blockquote>
```

일반적으로 웹 브라우저에서는 URL을 사용합니다. 이 URL과 URN을 조합해 URI(Uniform Resource Identifier)라고도 부릅니다(그림 4-11).

그림 4-11 URL과 URN

▌HTTP 요청

웹 브라우저에서 웹 사이트를 열람할 때 URL을 입력하거나, 링크를 클릭해서 페이지를 표시합니다. 이때 웹 브라우저로부터 웹 서버에 요청을 송신하며 이를 HTTP 요청(HTTP Request)이라 부릅니다.

HTTP 요청에 따라 이용자가 지정한 URL에 대응하는 IP 주소를 요구하는
웹 서버의 포트 번호를 알 수 있으므로 웹 브라우저가 해당 웹 서버에 HTTP
요청을 송신합니다. 이때의 HTTP 요청은 그림 4-12와 같은 3가지 요소로
구성되며, 웹 브라우저 개발자 도구에서 표시할 수 있습니다.

요청 라인	GET / HTTP/1.1
HTTP 요청 헤더	Accept: text/html,application/xhtml+xml,application/ xml;q=0.9,*/*;q=0.8 Host: gihyo.jp User-Agent: Mozilla/5.0 (Macintosh; Intel Mac OS X 10_15_7) (약) Safari/605.1.15 Accept-Language: ja Accept-Encoding: gzip, deflate, br Connection: keep-alive …
빈 행	
HTTP 요청 바디	

그림 4-12 HTTP 요청 예

요청 라인(Request Line)에는 'HTTP 메서드(요청 메서드)'와 '요청 대상',
'HTTP 버전' 3가지를 공백으로 구분해서 나열합니다. 예를 들어 http://
www.infopub.co.kr/와 같은 URL을 입력해서 접근하면 www.infopub.co.kr
의 웹 서버에 다음과 같은 요청 라인이 송신됩니다.

```
GET / HTTP/1.1
```

이는 'GET'이라는 메서드로 '/(루트 디렉터리)'의 내용을 'HTTP/1.1'이라는 버
전으로 취득하는 처리를 의미합니다. HTTP 버전에는 1.0, 1.1, 2.0 등이 있
습니다. 표 4-4는 HTTP 1.1에서 지정할 수 있는 HTTP 메서드를 나타냅
니다.

표 4-4 HTTP 1.1에서의 HTTP 메서드

메서드	내용
GET	지정한 URL 리소스에서 헤더와 본문을 취득한다.
POST	폼 등에 입력한 내용을 처리한다.
HEAD	GET과 같지만, 헤더 정보만 취득한다.
PUT	지정한 URL의 내용을 송신한 데이터로 작성/치환한다.
DELETE	지정한 URL의 리소스를 삭제한다.
CONNECT	프록시를 경유해서 SSL 통신이 가능한 터널을 요구한다.
OPTIONS	웹 서버에서 사용할 수 있는 통신 옵션을 취득한다.
TRACE	서버로 보낸 요청을 그대로 반환한다.

HTTP 요청 헤더(HTTP Request Header)에는 각 항목과 그 내용을 ':'(콜론)
으로 연결해서 지정합니다. 그림 4-12의 예에서는 다음과 같은 항목을 확인
할 수 있습니다.

- Accept: 받을 수 있는 데이터 형식을 지정
- Host: 웹 서버의 호스트 이름을 지정
  - 임대 서버 등에서는 하나의 컴퓨터에서 여러 도메인을 운영 중이기에
    같은 IP 주소로 여러 도메인의 웹 서버가 동작하고 있으므로 여기에서 호
    스트 이름도 지정
- User-Agent: 접근 중인 이용자의 웹 브라우저나 OS 정보
- Accept-Language: 이용자의 언어
  - 'ko'(한국어), 'en-US'(영어) 등
- Accept-Encoding: 이용자가 받을 수 있는 압축 알고리즘 지정
  - 'gzip', 'deflate' 등

HTTP 요청 바디(HTTP Request Body)는 폼에 입력한 내용을 'POST' 메서드
로 송신하는 경우에 사용합니다.

HTTP 응답

HTTP 요청에 대해 웹 서버로부터 웹 브라우저 측에 반환하는 통신을 HTTP 응답이라 부릅니다. HTTP 응답도 HTTP 요청과 마찬가지로 그림 4-14과 같이 3개의 요소로 구성됩니다.

요청 라인	```HTTP/1.1 200 OK```

HTTP 요청 헤더	```Date: Thu, 21 Dec 2023 23:05:06 GMT```
	```Content-Type: text/html```
	```Content-Length: 1106```
	```Server: Microsoft-IIS/8.5```
	```Cache-Control: private```

빈 행	

HTTP 요청 바디	```<!DOCTYPE html>```
	```<html xmlns="http://www.w3.org/1999/xhtml">```
	```<head>```
	``` <meta name="naver-site-verification" content="..."/>```
	``` <meta property="og:url" content="http://infopub.co.kr">```
	``` <title>...</title>```
	```...```

그림 4-13 HTTP 응답 예

상태 라인(Status Line)은 맨 앞에 HTTP 버전이 있으며, 뒤쪽에 상태 코드와 성공 여부가 나타납니다. 그림 4-13에서는 'HTTP/1.1 200 OK'라 쓰인 것을 확인할 수 있습니다.

상태 코드는 백의 자리 숫자에서 크게 5가지로 분류할 수 있으며 대표적인 처리의 성공 여부를 확인할 수 있습니다. 표 4-5와 같이 백의 자리를 보면 대략적인 결과를 알 수 있습니다. 표 4-6은 HTTP 응답 코드의 예입니다.

표 4-5 HTTP 상태 코드 분류

상태 코드	내용
100번대	정보(처리 중)
200번대	성공(수신 처리됨)
300번대	리다이렉트
400번대	클라이언트 측 에러
500번대	서버 측 에러

표 4-6 HTTP 상태 코드 예

상태 코드	내용
200(OK)	문제 없이 수신 처리되었다.
301(Moved Permanently)	요청된 파일이 영구적으로 다른 위치로 이동했다.
401(Unauthorized)	인증되지 않았다.
403(Forbidden)	요청이 거부되었다.
404(Not Found)	파일을 발견하지 못했다.
500(Internal Server Error)	오류 등에 의해 서버 측의 프로그램이 동작하지 않았다.
503(Service Unavailable)	웹 서버에 과부하가 걸려 처리할 수 없었다.

이 상태 코드는 웹 브라우저 화면에는 표시되지 않지만 에러의 경우 HTML
에 상태 코드와 에러 내용이 표시됩니다. 예를 들어 URL을 잘못 입력하면 웹
브라우저 화면에 표시되는 '404 Not Found'를 아는 분도 많을 것입니다.

2번째 행부터는 HTTP 응답 헤더(HTTP Response Header)로, 웹 서버의 정
보나 응답한 콘텐츠 정보 등이 작성됩니다.

빈 행을 넣은 뒤 HTTP 응답 바디(HTTP Response Body)가 이어집니다.
HTML 파일 내용과 바이너리 형식으로 쓰인 이미지 데이터 등을 확인할 수
있습니다. 웹 브라우저는 이 HTTP 응답 바디의 내용을 기반으로 형태를 정
리해서 표시합니다.

실제로 어떤 요청이 송신되고, 어떤 요청이 반환되었는지 웹 브라우저에서 확인해봅니다. 여기에서는 웹 브라우저로 크롬을 사용해 Chrome DevTools를 연 상태에서, 정보문화사의 톱 페이지를 표시해봅니다.

Chrome DevTools는 Windows에서는 ‘Ctrl + Shift + I’, macOS에서는 ‘command + option + I’로 열 수 있습니다. Network 탭을 연 상태에서 http://www.infopub.co.kr/의 URL을 지정해서 열거나, 이미 연 상태라면 새로 고침을 합니다. 그리고 Name 목록에서 index.asp를 선택한 후 Headers 탭을 선택하면 그림 4-14와 같은 메시지가 송신되어 있을 것입니다.

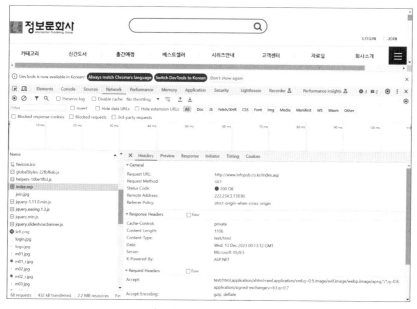

그림 4-14 HTTP 요청과 응답 확인

쿠키와 세션

지금까지 살펴본 것처럼 HTTP 통신은 요청과 그에 대한 응답입니다. 같은 웹 브라우저로부터 여러 차례 요청이 오더라도 각 요청에 응답을 반환할 뿐이며, 이전 요청으로부터 정보를 상속하지는 않습니다. 이를 ‘상태를 갖지 않는다’는 의미에서 스테이트리스(Stateless)라 부릅니다.

스테이트리스 구조이기 때문에 웹 서버 측은 어떤 웹 브라우저로부터 온 통신인지 관리할 필요가 없기에 빠르고 간단하게 처리할 수 있습니다. 한편 웹 사이트에 따라서는 요청 상태를 관리해야 하는 경우도 있습니다.

예를 들어 회원제 웹 사이트에 로그인한 경우에는 로그인 상태를 관리할 수 없으면 같은 이용자인지 여부를 판단할 수 없습니다. EC사이트에서 여러 상품을 구입하고자 하는 이용자가 있어도, 어떤 이용자가 '장바구니'에 넣었는지 판단할 수 없습니다.

이 경우 웹 브라우저 측에서 응답을 받은 뒤, 받은 정보를 포함해 요청을 송신하는 방법을 생각할 수 있으며, 이를 실현하는 것이 **쿠키(Cookie)**입니다. 쿠키는 웹 서버로부터 송신되는 응답에 포함되며, 해당 응답을 웹 브라우저 측이 저장합니다(그림 4-15). 그 뒤 같은 웹 서버에 접근했을 때 웹 브라우저 측에서 쿠키를 매번 송신합니다(다른 웹 서버에 접근할 때는 송신되지 않습니다).

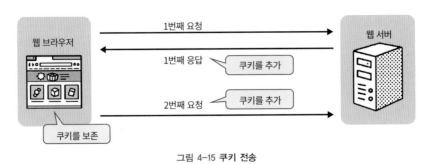

그림 4-15 **쿠키 전송**

웹 서버 측에서는 송신된 정보를 보고 판단하는 것뿐이므로 이용자의 상태를 관리하지 않더라도 이용자의 정보를 이어서 처리할 수 있습니다. SNS나 EC 사이트를 운영할 때는 같은 이용자인지를 식별하기 위해 필요하지만, 열람한 웹 사이트의 이력을 통해 해당 이용자에게 적합한 광고를 송신하기 위해 사용되기도 하므로 자신의 열람 이력이 수집되고 있다고 느끼는 이용자도 있을 것입니다. 쿠키 값이 악의를 가진 제3자에게 유출되면 임의로 위장을 할 위험성도 있습니다.

이 때문에 필요한 정보를 모두 쿠키에 넣는 것은 문제가 됩니다. 예를 들어 비밀번호를 매번 송신하면 보안상 리스크가 높고, 쿠키의 내용을 바꿔 쓰면 간단하게 변조를 할 수 있게 됩니다.

그래서 쿠키를 사용해 이용자의 정보를 관리하는 방법으로 세션(Session)이 있습니다. 이용자를 식별하는 정보는 웹 서버 측에 보존하고 해당 정보에 대한 ID를 부여합니다. 이를 세션 ID라 부르며 이 ID를 쿠키로 송신해 웹 브라우저 측에 보존합니다. 웹 브라우저 측은 이 세션 ID를 송신하고, 웹 서버 측은 해당 세션 ID에 대응한 데이터를 서버에서 추출하면 계속해서 처리를 할 수 있습니다(그림 4-16).

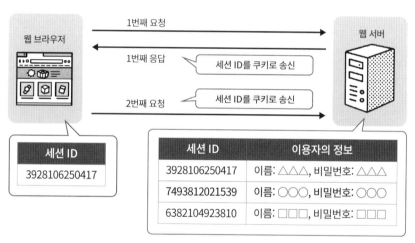

그림 4-16 **쿠키를 이용한 세션 관리**

쿠키로 저장되는 것은 ID뿐이며 비밀번호를 매번 송신할 필요가 없습니다. 이 ID를 변조해도 서버 측에 저장되어 있는 ID와 일치하지 않으므로 부정한 처리를 할 수 없습니다.

물론 이 세션 ID가 제3자에게 알려지면 통신이 유출됩니다. 이를 세션 하이재킹(Session Hijacking)이라 부릅니다. 같은 세션 ID를 오랫동안 사용하면 무차별 대입 공격(brute-force attack)에 의해 유출될 가능성이 있으므로 일정 기간이 지나면 ID값을 변경해야 합니다.

HTTPS

HTTP에서는 통신 내용이 암호화되지 않은 평문으로 송수신됩니다. 즉 통신 경로상에서 다른 사람이 내용을 볼 수 있는 상태입니다.

일반적인 웹 사이트를 열람한다면 통신 내용이 보이더라도 특별히 문제가 없습니다. 하지만 로그인이 필요한 회원제 웹 사이트에서는 입력한 ID와 비밀번호가 다른 사람에게 보이면 임의로 로그인을 시도할 수 있으며, EC 사이트에서 상품을 구입했을 때, 입력한 신용 카드 번호가 다른 사람에 보이면 금전적인 피해를 입을 수도 있습니다.

이와 같이 중요한 정보를 송신할 때는 제3자가 보더라도 이해할 수 없도록 통신 내용을 변환해야 합니다. 이때 사용하는 구조가 암호화(Encryption)며, 암호화된 문장을 암호문이라 부릅니다. 그리고 암호문을 되돌리는 조작을 복호화(Decryption)라 부릅니다.

암호화를 하는 방법은 몇 가지가 있습니다. 이해하기 쉬운 방법으로는 양쪽이 공통 키를 사용해 통신하는 방법입니다. 중요한 것을 넣은 금고를 키로 잠근 후 배송하며, 받는 측은 동일한 키(스페어 키)를 사용해 열면 해당 키를 가지고 있지 않은 사람이 내용을 볼 수 없습니다. 이를 데이터에 적용한 것이 공통 키(대칭 키) 암호화 방식입니다(그림 4-17).

그림 4-17 **공통 키 암호화 방식**

안전한 구조지만 이 키를 상대방에게 전달하는 방법에 관한 문제(키 배송 문제)가 발생합니다. 상대와 대면해서 키를 전달할 수 있다면 문제 없지만, 인터넷에서 상품을 구입할 때 해당 키를 전달하기란 어렵습니다.

또, 관리하는 키의 수가 많아지는 문제도 있습니다. 2명이라면 키는 한 쌍으로 충분하지만 3명이 각각 통신하려면 3쌍의 키, 4명이 되면 6쌍의 키, n명이 되면 n × (n−1) ÷ 2쌍의 키가 필요합니다. 통신 상대가 늘어나면 키의 수도 급격하게 늘어납니다.

그래서 떨어진 위치에서도 키를 안전하게 교환하는 방법으로 공개 키 암호화 방식을 사용합니다. 각자가 공통 키를 사용하는 것이 아니라 공개된 키(공개 키)와 공개되지 않은 키(비밀 키)를 키 쌍으로 생성하고, 공개 키를 공개하되 비밀 키는 공개하지 않습니다. 송신하는 측(송신자)는 이 공개된 키를 사용해 데이터를 암호화해서 송신합니다. 이 암호문을 복호화할 수 있는 사람은 비밀키를 가지고 있는 수신자뿐이며, 송신 측은 보낸 데이터를 원래대로 되돌릴 수 없습니다.

가까운 예로 잠기지 않은 상태의 자물쇠를 상대에게 전달하는 상황을 상상해 봅니다. A와 B가 물건을 주고받을 때, 예를 들어 A는 자물쇠와 키를 준비하고 B에게는 자물쇠만 보냅니다. 자물쇠를 받은 B는 보내려는 물건을 상자에 넣은 뒤 A에게 받은 자물쇠로 상자를 잠급니다. 그리고 자물쇠를 잠근 상태로 A에게 상자를 보냅니다. A는 키를 가지고 있으므로 이 자물쇠를 열 수 있습니다. 이 자물쇠가 공개 키, 자물쇠의 키를 비밀 키라고 생각할 수 있습니다(그림 4-18).

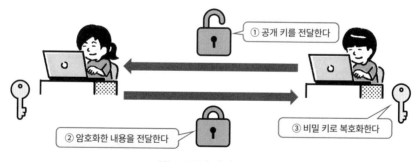

① 공개 키를 전달한다

③ 비밀 키로 복호화한다

② 암호화한 내용을 전달한다

그림 4-18 공개 키 암호화 방식

공개 키 암호를 사용해 공통 키 암호 방식에 사용하는 키를 보낸 다음에는 공통 키 암호화로 통신할 수 있습니다. 암호화에 따라 도청뿐 아니라 변조를 방지할 수도 있습니다. 이렇게 공통 키 암호화 방식과 공개 키 암호화 방식을 조합하는 방법을 하이브리드 암호화라 부릅니다.

이렇게 암호화 통신이 가능하다면 문제가 없어 보일지도 모르겠지만, 예를 들어 악의를 가진 사람이 가짜 사이트를 설치할 가능성이 있습니다. 이런 경우 악의를 가진 상대와 암호화 통신을 하게 되어 비밀번호나 신용 카드 번호를 입력하게 될 위험성이 있습니다(그림 4-19).

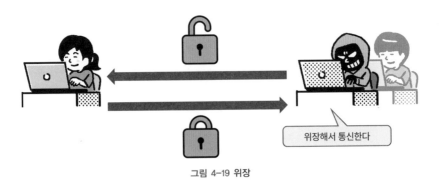

위장해서 통신한다

그림 4-19 위장

그리고 경로 도중에 다른 사람이 들어가 통신을 도청하고 있을지도 모릅니다. 예를 들어 그림 4-20과 같이 A가 B와 통신을 해야 하지만, 실제로는 도중에 C가 끼어들어 내용을 보거나 변조할 가능성이 있습니다. 이를 중간자 공격(middle-man attack)이라 부릅니다.

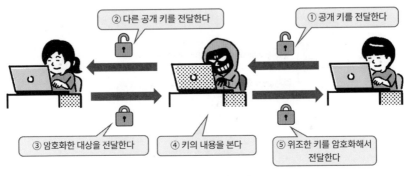

② 다른 공개 키를 전달한다

① 공개 키를 전달한다

③ 암호화한 대상을 전달한다

④ 키의 내용을 본다

⑤ 위조한 키를 암호화해서 전달한다

그림 4-20 중간자 공격

즉, 공개 키 암호화 방식으로 암호화하기 전에 해당 공개 키가 올바른 사람이 작성한 것인지 인증해야 하며, 이때 사용되는 것이 전자 인증서입니다. 현실 세계에서 상대의 신원을 확인할 때 신분증이나 인감 증명서를 사용하는 것처럼, 신뢰할 수 있는 기관에서 발행된 인증서가 있다면 상대가 가짜가 아니라는 것을 확인할 수 있습니다. 인터넷상에서는 인증 기관에서 이 전자 인증서를 발행합니다.

단, 인증 기관을 마음대로 만들어선 의미가 없습니다. 인증 기관이 '다른 인증 기관'으로부터 인증받았다는 사실을 알 수 있다면 좋을 것입니다. 여기에서는 '다른 인증 기관' 또한 마음대로 만들어져서는 문제가 되므로 확실하게 신뢰할 수 있는 인증 기관이 필요합니다.

이 때문에 이용자의 PC에는 신뢰할 수 있는 인증 기관(루트 인증 기관) 정보가 필요합니다. 이것이 PC에 도입되어 있는 루트 인증서이며 '루트 인증 기관에 의해 발행된 인증서'를 나타냅니다. 루트 인증서를 통해 검증함으로써 신뢰할 수 있는 인증으로 발행된 인증서임을 확인할 수 있습니다(그림 4-21).

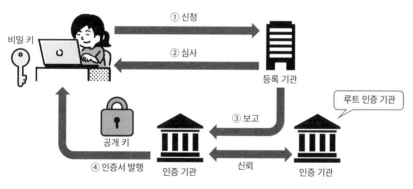

그림 4-21 인증 기관의 역할

어떤 루트 인증서가 PC에 설치되어 있는지는 웹 브라우저의 '설정'에서 확인할 수 있습니다. Microsoft Edge의 경우에는 '개인정보, 검색 및 서비스'에서 '인증서 관리'를 선택하면 '신뢰할 수 있는 루트 인증 기관'에 목록이 표시됩니다.

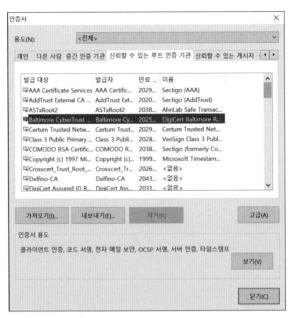

그림 4-22 인증서 확인

이러한 인증서를 사용한 통신 방법으로 SSL(Secure Socket Layer)이 있으며, 최근에는 차세대 규격인 TLS(Transport Layer Security)가 사용되고 있습니다. 일반적으로는 'SSL/TLS'로 함께 표기합니다.

그리고 이를 HTTP와 조합해 사용한 프로토콜이 HTTPS입니다. HTTPS 통신을 통해 '암호화를 이용한 도청', '변조', '인증 기관을 이용한 위장'을 방지할 수 있습니다.

HTTPS는 EC 사이트나 회원제 사이트 등 개인 정보를 다루는 사이트에서만 사용되었지만, 현재는 기업 웹 사이트 등에서도 일반적으로 사용되고 있습니다. 모든 페이지에서 HTTP를 도입하는 것을 '상시 SSL'이라 부릅니다. HTTPS 통신을 수행하는 웹 사이트는 웹 브라우저에 자물쇠 마크가 표시됩니다(그림 4-23).

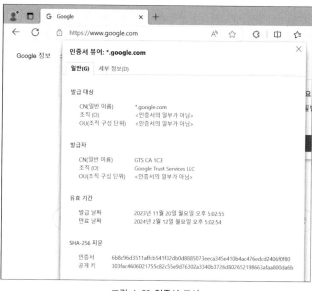

그림 4-23 인증서 표시

인증서 역시 여러 종류가 필요할 것 같습니다. 어떻게 다를까요?

DV 인증서, OV 인증서, EV SSL 인증서 등이 있습니다. 인증서를 발행할 때의 심사 내용이 다르기 때문에 발행 시 드는 금액도 다릅니다.

어떻게 선택하는 것이 좋을까요?

암호의 강도는 같으며 증명하고자 하는 대상이 무엇인지에 따라 다릅니다. 개인의 경우에는 DV 인증서만 취득할 수 있으므로 개인 개발이라면 DV 인증서를 취득하면 됩니다.

 권장 도서

웹 개발자를 위한 웹을 지탱하는 기술 ~HTTP, URI, HTML 그리고 REST~(멘토르, 2011)
(『Web を 支える 技術 -HTTP, URI, HTML, そしてREST(WEB+DB PRESS plus)』, 山本
陽平(著), 技術評論社, 2010年, ISBN978-4774142043)

웹 페이지가
표시될 때까지

빠른 속도의
페이지 표시를 위한
노력 있으리

문장 검색, 이미지 게시, 음악이나 동영상 재생 등 인터넷을 사용해 다양한 서비스를 이용할 수 있게 되었습니다. 이러한 서비스들을 그저 이용자로 이용할 뿐이라면 눈에 보이는 부분의 사용 방법만 안다 하더라도 큰 문제는 없을 것입니다.

이름 해결에서 웹 서버 연결까지

먼저 이번 장에서 설명했던 내용을 복습합니다. 이용자가 웹 브라우저의 주소창 URL을 입력하거나 링크를 클릭하면 웹 브라우저는 지정된 URL에 연결을 시도합니다. 이용자가 지정한 URL은 단순한 문자열이므로, 이 문자열로부터 웹 서버를 특정해야 합니다.

이때 사용되는 것이 4.1절 '도메인 이름'에서 소개한 DNS입니다. URL에서 FQDN 부분을 추출하고 그에 대응하는 웹 서버의 IP 주소를 얻습니다. 이 과정을 이름 해결(Name Resolution)이라 부르며, 이를 통해 웹 서버의 위치(IP 주소)를 알아냅니다.

1대의 컴퓨터에서 여러 서버가 동작할 가능성도 있으므로, IP 주소만으로는 웹 서버가 어디에서 동작하는지 알 수 없기에 포트 번호를 사용합니다. 웹 서버와 웹 브라우저 사이에서 웹 페이지의 내용을 전송할 때 사용되는 것이 'HTTP'라는 프로토콜이며, 이 HTTP에서는 포트 번호로 80번을 사용한다고 정해져 있습니다. 즉, 해당 IP 주소에 있는 80번 포트 번호에 연결하면 웹 서버를 특정할 수 있습니다.

그리고 이 웹 서버에 대해 HTTP 요청을 송신하면 웹 브라우저에 HTTP 응답이 반환됩니다. 1개의 웹 페이지를 표시하는데도 네트워크에선 다양한 통신이 이루어집니다.

페이지 생성

웹 서버는 웹 브라우저로부터 받은 HTTP 요청 내용에 따라 처리를 실행합니다. 단순한 HTML 파일이나 이미지 파일을 요청받은 경우에는 웹 페이지에 있는 파일의 내용을 송신합니다.

이때, 요청된 HTML 파일 안에 **img** 요소가 작성되어 있어 이미지를 표시하도록 지정되어 있더라도, 웹 서버는 1개의 HTML 파일만 반환합니다. 웹 브라우저로부터 이미지 파일 요청이 오기 전까지는 이미지를 보내지 않습니다. 즉, 1개의 HTTP 요청에 대해서는 1개의 응답만을 반환합니다.

만약 PHP 등의 프로그래밍 언어로 만들어진 웹 애플리케이션이 웹 서버에 배치되어 있다면 해당 프로그램을 실행합니다. 예를 들어 프로그램에 데이터베이스를 사용 중이라면, 데이터베이스 서버 등과 연동하면서 웹 브라우저에 반환할 텍스트 데이터를 생성합니다.

렌더링

HTTP 요청에 대응하는 응답(HTTP 응답)이 웹 서버로부터 반환되면 웹 브라우저는 해당 응답 내용을 해석합니다. 정적인 웹 사이트든 동적인 웹 애플리케이션이든 웹 서버로부터 반환되는 것은 HTML로 작성된 데이터인데, 이를 해석해 사람이 알기 쉽도록 디자인을 적용해서 표시합니다.

만약 HTML 파일에 지정되어 있는 CSS 파일이 따로 있다면 이를 HTTP 요청으로 요청해 응답을 기다린 뒤, 문자 크기나 색 및 배치 등을 결정합니다. HTML에 여러 **img** 요소가 포함되어 있다면 해당 이미지 파일을 하나씩 HTTP 요청으로 요청합니다. 자바스크립트 프로그램이 다른 파일로 제공된다면, 해당 프로그램을 HTTP 요청으로 요청합니다.

이렇게 HTTP 요청에 대한 응답이 하나씩 반환되어 페이지에서 표시 위치가
정해진 제목이나 이미지 등이 순서대로 표시되며, 이를 렌더링(Rendering)이
라 부릅니다. 크롬의 경우 DevTools를 사용하면 어떤 파일을 어떤 순서로 읽
는지, 어떤 시점에 렌더링하는지 그래프로 표시할 수 있습니다(그림 4-24).

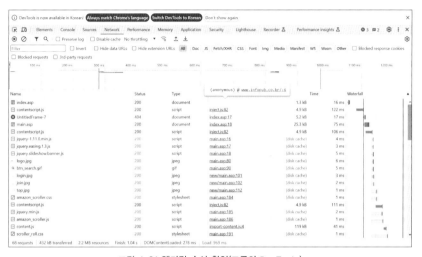

그림 4-24 렌더링 순서 확인(크롬의 DevTools)

자바스크립트 프로그램 실행

자바스크립트 프로그램은 HTML 요소에 대한 처리(2.1절에서 설명한 DOM
의 조작 등)를 실행합니다. 요소를 조작하기 위해서는 먼저 요소를 모두 읽어
야 합니다. 때문에 일반적으로는 페이지 읽기가 끝난 뒤(지정에 따라서는 읽
는 도중에) 자바스크립트 프로그램을 실행합니다.

이때 자바스크립트 프로그램은 단순한 텍스트 파일입니다. C 언어 등과 같은
컴파일 타입 프로그래밍 언어로 작성된 프로그램은 소스 코드로 미리 변환
(컴파일)된 상태에서 실행되지만, 자바스크립트는 인터프리터 타입 프로그래
밍 언어이므로 실행 시 변환해야 합니다(그림 4-25).

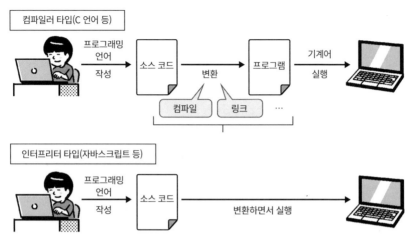

그림 4-25 컴파일러와 인터프리터의 차이

이때 웹 브라우저에 탑재되어 있는 자바스크립트 엔진이 자바스크립트 소스 코드를 해석해 CPU가 실행할 수 있도록 변환하는 JIT 컴파일러(JIT Compiler) 구조를 많이 채용하고 있습니다. JIT는 Just In Time의 약자로 사전에 컴파일해서 실행하지 않고, 컴파일하면서 실행하는 방법입니다. 인터프리터와 마찬가지로 사전에 변환할 필요가 없기에 실행 시 최적화 처리를 수행함으로써 빠른 속도로 처리할 수 있습니다.

캐시

웹 페이지를 모두 표시하기까지 파일을 빠른 속도로 표시하기 위해 캐시라는 구조를 사용합니다. 3장에서 소개한 웹 브라우저뿐 아니라 다양한 위치에서 캐시가 사용됩니다.

예를 들어 이름 해결에서는 한 번 접근한 서버의 IP 주소가 DNS 캐시로 남습니다. 많은 경우 웹 페이지의 HTML 파일과 이미지 파일을 같은 FQDN에서 불러오므로 이름 해결 작업을 여러 차례 할 필요가 없습니다.

웹 브라우저를 표시할 때도 한 번 접근한 페이지의 내용이 웹 브라우저에 캐시로 일정 시간 저장되므로, 다시 웹 서버에 접근하지 않고도 페이지를 표시할 수 있습니다. 예를 들어 기업의 웹 사이트에서는 해당 웹 사이트의 많은 페이지에 기업 로고 이미지가 표시됩니다. 이런 로고 이미지는 같은 파일을 캐시에서 읽습니다.

조직 내부로부터 웹 서버에 접근할 때 프록시 서버를 경유하는 방법을 소개했습니다. 예를 들어 Google이나 Naver와 같은 페이지에는 많은 직원이 접근하기 때문에 페이지 로고 이미지 등은 프록시 서버에 캐시되어 있는 것을 표시합니다.

특정 웹 서버의 콘텐츠를 캐시로 만드는 구조로 CDN(Content Delivery Network)을 자주 사용합니다. 예를 들어 해외에 있는 웹 서버가 가진 웹 사이트를 표시하려면 해외 간 통신에 시간이 걸리기 때문에, 국내 CDN에 캐시를 저장해 두면 빠른 속도로 표시할 수 있습니다. 단기간에 대량의 접근이 있더라도 웹 서버의 부담을 줄일 수 있습니다(그림 4-26).

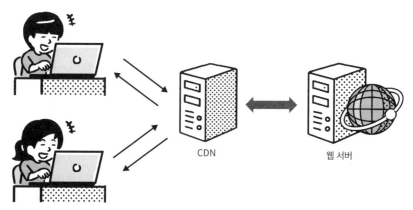

그림 4-26 CDN

프록시 서버가 특정한 이용자(조직 내의 사람), 불특정 서버에 캐시를 제공하는 것과 달리 CDN은 불특정한 이용자와 특정한 서버에 캐시를 제공합니다.

예전에 비해 웹 페이지가 표시되기까지 드는 시간이 짧아졌다는 생각이 들지 않습니까?

광섬유 등의 보급으로 네트워크 속도가 빨라지게 된 것 같아요.

그렇기도 하지만 HTTP/2에서는 여러 파일을 동시에 병렬 취득할 수 있게 되었고, 웹 브라우저에서 실행하는 자바스크립트 엔진 속도가 빨라진 것 또한 이에 기여하고 있습니다.

계속해서 빨라질까요?

HTTP/3에서는 QUIC라는 프로토콜이 등장해 기대를 받고 있습니다. 이후에도 새로운 프로토콜에 주목해 봅시다.

 권장 도서

웹 전송 기술 ～HTTP 캐시/리버스 프록시/CDN을 활용하자～(기술평론사, 2021년)(「Web 配信の技術─HTTPキャッシュ・リバースプロキシ・CDNを活用する」, 田中祥平(著), 技術評論社, 2021年, ISBN978-4297119256)

시크릿 모드

웹 사이트에 접근하면 웹 브라우저는 캐시를 저장할 뿐만 아니라 열람 이력이나 쿠키, 입력한 ID나 비밀번호도 저장하는 경우가 있습니다. '열람 이력에 맞는 광고 가 표시되어 감시받고 있다고 느낀다', '다른 사람이 같은 PC를 사용했을 때 이력 을 보이고 싶지 않다'는 문제가 있습니다.

그래서 웹 브라우저를 종료했을 때 이 정보들을 삭제해 주는 기능을 제공하고 있 습니다. 크롬에서는 '시크릿 모드', 사파리에서는 '프라이빗 윈도우', 에지에서는 'InPrivate 윈도우' 등 웹 브라우저에 따라 이름은 다르지만 기본적인 기능은 같습 니다. 일반적으로 다른 사람의 PC를 사용하거나, 과거 검색 이력이 없는 상태에서 의 검색 결과를 보고 싶은 상황 등에서 사용하면 편리합니다.

단, 웹 사이트 관리자나 네트워크 관리자는 일반적인 웹 브라우저 접근과 마찬가 지로 열람 상황을 파악할 수 있으므로, '시크릿 모드'라는 이름이기는 하나 '익명으 로 통신할 수 있다'는 의미는 아닌 것에 주의합니다.

5

웹 보안

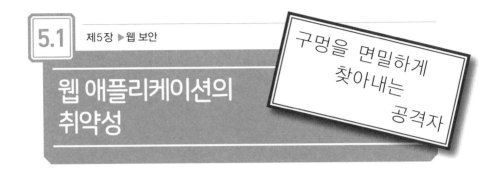

웹 애플리케이션의 취약성

웹 애플리케이션을 인터넷에 공개하면 전 세계에서 이용할 수 있는 한편, 악의를 가진 사람에게 공격을 받을 위험성도 있습니다. 때문에 웹 사이트나 웹 애플리케이션을 개발 및 공개할 때는 보안에 신경을 써야 합니다. 만약 취약성(보안상 오류)이 남아 있으면, 위장에 의한 피해나 개인 정보 유출 등이 발생할 가능성이 있습니다. 어떤 취약성을 고려할 수 있는지 대표적인 공격 방법과 그에 대한 대책을 소개합니다.

▌XSS

회원 등록이나 게시글 업로드 등, 이용자가 직접 입력할 수 있는 항목을 제공하는 웹 서비스가 많습니다. 이때 이용자가 입력한 내용을 그대로 표시하면 문제가 발생할 수 있습니다.

그 대표적인 예가 XSS(Cross Site Scripting, 사이트 간 스크립팅)[1]입니다. 예를 들어 그림 5-1과 같은 게시판 서비스에서 이용자가 자신의 이름이나 메일 주소를 입력했다고 가정합니다. 이때 입력된 값이 그대로 게시된다면 어떻게 될까요?

---

1 알파벳의 머리글자는 'CSS'지만 스타일 시트의 'CSS'와 착각할 수 있으므로 'Cross'를 'X'로 써서 'XSS'로 표기합니다.

그림 5-1 이용자가 입력할 수 있는 게시판의 예

악의를 가진 사람이 HTML 구문을 이름 필드에 입력했다고 가정합니다. 예를 들어 '<h1>이름</h1>'이라 입력한다면 웹 브라우저는 그 이름을 표시할 때 제목으로서 큰 문자로 렌더링합니다(그림 5-2).

그림 5-2 HTML 태그를 이름 필드에 입력해 게시한 예(게시자의 이름이 크게 표시된다)

이 경우 피해는 없지만 여기에서 이름 필드에 '<script></script>'와 같이 자바스크립트 프로그램이 입력될 수도 있습니다. 이때 그 이름이 출력(표시)될 때 이용자의 웹 브라우저에서 해당 script 태그로 둘러싸인 프로그램이 실행됩니다. 이 게시자의 이름을 출력하는 게시판을 다른 사람이 열람하면 다른 사람의 환경에서도 의도치 않게 해당 프로그램이 실행됩니다(그림 5-3, 그림 5-4).

그림 5-3 작성된 스크립트로 프로그램이 실행된다

그림 5-4 실제 게시 내용(본문에 스크립트가 지정되어 있다)

해당 게시판에 접근하지 않기만 하면 괜찮다고 생각할 수도 있습니다. 하지만 다른 사이트에 접근했을 때 이런 취약성이 있는 웹 사이트로 의도치 않고 전송될 가능성도 있습니다. 예를 들어 공격자가 스크립트를 게시하는 처리를 포함한 동시에 전송을 목적으로 한 웹 사이트를 준비했다고 가정해봅시다. 이 웹 사이트를 이용자가 열람하면 취약성이 있는 웹 사이트로 자동으로 전송됩니다. 그리고 이용자는 스크립트가 붙은 내용을 게시판에 게시하게 되어 이용자의 웹 브라우저에서 스크립트가 실행됩니다(그림 5-5).

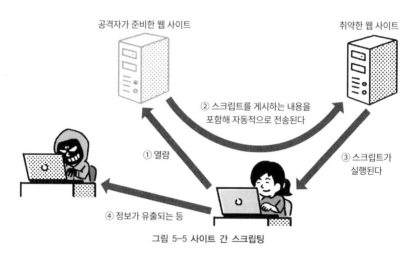

공격자가 준비한 웹 사이트

취약한 웹 사이트

② 스크립트를 게시하는 내용을 포함해 자동적으로 전송된다

① 열람

③ 스크립트가 실행된다

④ 정보가 유출되는 등

그림 5-5 사이트 간 스크립팅

이렇게 다른 웹 사이트를 준비하지 않아도 취약성이 있는 웹 사이트에 스크립트를 미리 게시해두면 메일 등으로 이용자를 유도하는 것만으로 공격이 성립합니다.

'취약성이 있는 웹 사이트'와 '공격자의 웹 사이트'에 걸쳐 스크립트를 실행시키는 이러한 방법을 사이트 간 스크립팅이라 부릅니다. 이 공격의 핵심은 취약성이 있는 웹 사이트에 피해를 주는 것이 아닌 '이용자를 공격하는' 것입니다. 전송이 자동으로 이루어지므로 이용자는 자신이 피해를 입었다는 사실을 알아채지 못합니다. 이용자에게 도착한 메일에 적힌 URL을 클릭하는 것만으로 자동 전송되기 때문에 방어하기가 어렵습니다.

이용자가 취할 수 있는 대책으로 웹 브라우저에서 자바스크립트를 실행하지 않도록 설정하는 방법이 있지만 전 세계의 수많은 웹 사이트에서 자바스크립트가 사용되고 있기 때문에 현실적인 대책이라고는 할 수 없습니다.

웹 애플리케이션 개발자는 이러한 취약성을 만들지 않도록 신중해야 합니다. 구체적인 대책으로 '⟨'나 '"'와 같은 HTML 태그에서 사용되는 문자를 다른 문자로 치환하거나 입력할 수 없도록 하는 방법을 생각할 수 있습니다.

최근에는 리액트나 뷰제이에스와 같이 클라이언트 측에서 DOM을 조작하는 기술도 늘어났습니다. 여기에서도 XSS 취약성이 발생할 가능성이 있어 DOM Based XSS라 부릅니다.

CSRF

XSS는 입력한 내용이 그대로 표시되기 때문에 발생한 취약성이었습니다. 게시 시 체크 여부가 적절하지 않아 발생하는 취약성으로 CSRF(Cross Site Request Forgeries, 사이트 간 요청 위조)가 있습니다.

앞의 예에서는 이용자가 게시글을 올릴 때 이름과 메일 주소, 본문을 입력하면 올릴 수 있었습니다. 이때 웹 사이트 측에서 필요한 체크에 관해 생각해봅니다.

이름이나 메일 주소, 본문이 입력되어 있는지 또는 최대 문자 수를 넘기지 않았는지 확인하는 방법이 자주 사용되지만 보안을 고려하면 이것만으로는 충분하지 않습니다. 예를 들어 '송신원이 어디인가'에 대한 체크가 빠져 있습니다.

웹 사이트 개발자가 준비한 입력 폼을 통해 송신되었다면 문제 없지만 이 폼 이외에서도 송신될 가능성이 있기 때문입니다(그림 5-6).

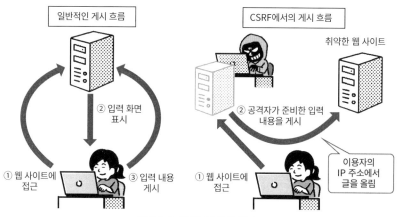

| 일반적인 게시 흐름 | CSRF에서의 게시 흐름 |

취약한 웹 사이트

② 입력 화면
표시

② 공격자가 준비한 입력
내용을 게시

① 웹 사이트에
접근

③ 입력 내용
게시

이용자의
IP 주소에서
글을 올림

① 웹 사이트에
접근

그림 5-6 사이트 간 요청 위조

예를 들어 다음과 같은 HTML 입력 폼이 설치되어 있는 웹 애플리케이션을
생각해봅니다. 웹 애플리케이션에 접근하면 입력 화면이 표시됩니다. 이 화
면에서 이름과 본문을 입력하고 송신 버튼을 누르면 글을 올릴 수 있습니다.

```html
<form action="/posts" method="post">
  <input type="text" name="name" placeholder="이름">
  <textarea name="body" placeholder="게시 내용"></textarea>
  <button type="submit">송신</button>
</form>
```

이 웹 사이트에 대한 공격을 생각해봅니다. 공격자는 다른 웹 사이트를 준비
한 후 form 태그의 action이라는 속성의 URL을 바꿔 다음과 같은 웹 페이지
를 설치합니다.

```html
<form action="/posts" action="https://www.example.com/posts" method="post">
  <input type="text" name="name" value="익명">
  <textarea name="body">부적절한 내용</textarea>
  <button type="submit">송신</button>
</form>

<script>
window.onload = function () {
 document.getElementById("form").submit()
}
</script>
```

이 HTML은 이용자가 페이지를 읽은 단계에서 자동으로 폼을 송신하도록 설정되어 있습니다. 이용자는 이 웹 페이지를 열기만 해도, 아무것도 조작하지도 않았음에도 불구하고 공격자가 준비한 문장을 마음대로 게시하게 됩니다. 만약 범죄 예고와 같은 내용이 게시된다면 게시 소스(입력 폼을 연 단말의 IP 주소)가 이용자의 단말이 되어 경찰의 조사를 받게 될 수도 있습니다.

XSS에서는 게시 내용에 자바스크립트 소스 코드가 포함되어 있었지만, CSRF에서는 게시되는 내용이 일반적인 텍스트일 뿐입니다. 그렇기에 예를 들어 EC 사이트에 이와 같은 취약성이 있다면 누군가가 마음대로 상품을 구입할 수 있고, SNS에 취약성이 있다면 친구에 대한 험담을 하는 등 생각지도 못한 내용이 게시될 수도 있습니다.

CSRF에 대해 이용자가 취할 수 있는 효과적인 대책은 없습니다. SNS의 경우라면 필요한 작업을 마친 뒤 로그아웃하고, EC 사이트 등에서도 필요할 때 이외에는 로그인하지 않는 등의 방법을 생각할 수 있습니다. 이상한 링크는 클릭하지 않는 방법 등도 생각할 수 있지만 현실적이지 않습니다.

이 취약성이 포함되는 이유는 정상적인 송신원으로부터 게시 내용이 송신되었는지 여부를 개발자가 체크하지 않았기 때문입니다. 준비된 입력 화면이 아닌 곳에서 게시되면 에러를 발생시키는 구조가 필요합니다.

구체적인 대책으로 이용자에 대한 입력 화면 표시와 함께 검증용 데이터를 송신해 두고, 입력 내용이 게시되었을 때 송신해 두었던 올바른 검증용 데이터가 전송되었는지 확인하는 방법이 있습니다.

위 입력 폼의 경우 폼을 표시할 때 다음과 같이 'token'이라는 이름의 토큰을 프로그램으로 생성해서 출력해 두고, 폼으로부터 송신될 때 서버 측에서 해당 값을 체크합니다.

```
<form action="/posts" method="post">
  <input type="text" name="name" placeholder="이름">
  <textarea name="body" placeholder="게시 내용"></textarea>
  <button type="submit">송신</button>
  <input type="hidden" name="token" value="02ae839c2dd67a8e512a47856d7a88ce653821b">
                                    프로그램으로 생성한 값
</form>
```

공격자가 같은 형태의 입력 폼을 작성하려고 해도 매번 다른 토큰 값을 생성할 수 없습니다. 서버 측에서 토큰 값을 체크했을 때 기존 값과 일치하지 않으므로 게시를 거부할 수 있습니다.

만약 공격자의 페이지에서 자바스크립트 등의 프로그램을 사용해 원래 사이트에 접근해서 해당 페이지의 기존 토큰 값을 얻으려 해도 4장에서 소개한 '출처'가 다르기 때문에 취득할 수 없습니다. 현대 웹 브라우저에서는 다른 출처 사이에서 요청이 송신되었을 때는 그 결과를 전달하지 않도록(결과를 읽을 수 없도록) '동일 출처 정책'이 설정되어 있기 때문입니다(그림 5-7).

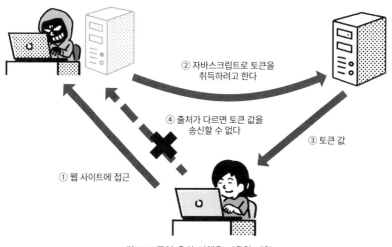

② 자바스크립트로 토큰을
취득하려고 한다

④ 출처가 다르면 토큰 값을
송신할 수 없다

③ 토큰 값

① 웹 사이트에 접근

그림 5-7 동일 출처 정책을 이용한 제한

단, 이 토큰은 추측할 수 없는 값임이 중요합니다. 시각 등의 정보를 sha1 등의 해시 함수로 생성한 해시 값을 토큰으로 하는 방법을 사용할 수 있습니다.

SQL 삽입

많은 웹 애플리케이션 개발에서는 서버 측에 설치한 데이터베이스를 이용해 데이터를 저장합니다. EC 사이트에는 상품의 재고 상황, 고객 정보, 이용자가 폼에 입력한 정보 등이 저장되어 있습니다. 이 데이터베이스에 데이터 등록이나 업데이트, 불러오기, 삭제 등의 조작을 할 때는 SQL을 사용합니다.

예를 들어 웹 애플리케이션에 이용자가 로그인하는 처리를 생각해봅니다(로그인 인증에 관해서는 '5.3 인증과 허가'에서 설명합니다). 데이터베이스에는 이용자의 ID와 비밀번호(비밀번호는 해시 값)가 저장되어 있으며, 이용자가 로그인 화면에서 입력한 값이 데이터베이스에 저장되어 있는 정보와 일치하는지 확인합니다.

구체적으로는 그림 5-8과 같은 SQL이 실행됩니다(실제로는 비밀번호의 해시 값으로 참조하는 경우가 많지만 여기에서는 생략합니다). 실제 데이터베이스와의 통신은 이용자 화면에 표시되지 않으며, 어떤 SQL이 실행되는지 알 수 없지만 그 처리에는 이용자의 입력이 포함됩니다.

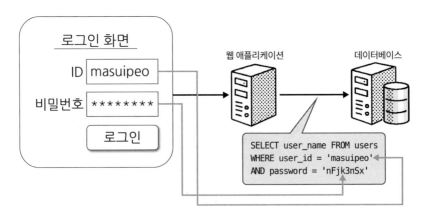

그림 5-8 로그인 처리에서 실행되는 SQL 예

여기에서 이용자가 입력하는 정보에 특수한 기호를 포함하면, 프로그램이 가정하지 않은 조작을 할 수 있는 경우가 있습니다. SQL 구문을 이용한 SQL 삽입(SQL Injection)이라는 공격입니다. 그림 5-9의 왼쪽과 같이 입력했다고 가정해 봅니다.

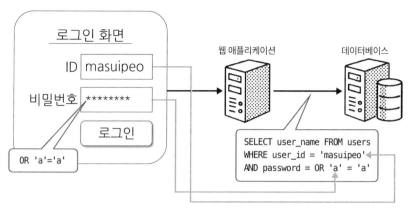

그림 5-9 로그인 처리에서 SQL 삽입을 노려 실행한 SQL 예

이때 생성된 SQL문은 그림 5-9의 오른쪽과 같습니다. WHERE에 지정된 조건을 보면 사용자 ID와 비밀번호뿐 아니라 'OR 'a' = 'a''라는 조건이 있습니다. 이 ''a' = 'a''는 항상 성립하기 때문에 비밀번호에 어떤 값을 입력해도 WHERE 조건을 만족하게 되어 다른 사람으로 위장해 로그인할 수 있게 됩니다. 처리 내용에 따라서는 데이터베이스에 등록되어 있는 모든 정보가 유출되거나, 데이터베이스의 정보를 삭제해 업무를 지속할 수 없는 상태가 될 수도 있습니다.

로그인 화면뿐 아니라 이용자가 입력할 수 있는 폼에서 데이터베이스에 접근할 수 있다면 어디에서나 이러한 문제가 발생할 수 있으며, URL이 지정된 매개변수를 기반으로 데이터베이스를 취득해도 이 문제가 발생할 수 있습니다.

이러한 공격에 이용자의 입장에서 취할 수 있는 대책은 없습니다. 부적절한 값이 입력되어도 문제 없도록 개발자가 입력 내용을 체크하고 무효화하는 처리를 구현해야 합니다. 예를 들어 위 예시의 '''와 같은 문자뿐 아니라 SQL의 일부를 주석으로 하는 '--', 구분을 나타내는 ';'와 같은 문자가 공격에 자주 사용됩니다. 이 문자들이 입력되었을 때 원래의 의도와 다른 처리가 실행되지 않도록 변환하거나 무효화해야 하며 이를 위한 프로그램 언어나 라이브러리가 제공하는 기능을 활용합니다.

취약성 진단

XSS나 CSRF, SQL 삽입 등의 취약성은 웹 애플리케이션을 공개한 후 얼마 지나지 않아 발견되기도 하지만, 발견되기 전까지 해당 웹 애플리케이션 개발 단계에서 문제가 발생하기도 합니다. 개발자는 이용자의 관점에서 웹 애플리케이션을 개발하면서, 공격자의 관점에서 체크하고 이용자 입장에서의 웹 애플리케이션 자체를 지켜야 합니다.

공격자의 관점에서 취약성이 없는지 여부를 확인하기 위해 취약성 진단 (Vulnerability Check)을 실시합니다. 표 5-1의 취약성 진단 도구는 무료로도 사용할 수 있으며 일반적인 공격 방법이라면 간단하게 확인할 수 있습니다.

표 5-1 무료로도 사용할 수 있는 취약성 진단 도구 예

도구 이름	진단 내용	개발사	URL
OWASP ZAP	웹 애플리케이션 취약성 진단 (자동 검사형)	OWASP	https://owasp.org
OpenVAS	웹 애플리케이션 취약성 진단 (자동 검사형)	OpenVAS.org	https://openvas.org/
Fiddler	웹 애플리케이션 취약성 진단 (수동 검사형)	Telerik	https://www.telerik.com/fiddler
Burp Suite	웹 애플리케이션 취약성 진단	PortSwigger	https://portswigger.net/burp
nmap	빈 포트 상황 확인	Gordon Lyon	https://nmap.org/

예를 들어 OWASP ZAP의 경우 공격 대상(자신이 개발한 웹 애플리케이션)의 URL을 입력하기만 하면 해당 웹 사이트 내부의 링크를 따라가며 다양한 공격을 자동으로 실행하고, 취약성이 존재하는지 살펴본 후 보고서를 생성해 줍니다. 특별한 스킬은 필요하지 않습니다.

주의할 점으로 다른 사람이 관리하는 서버에 대해 취약성 진단을 실시하면 부정 접근 금지법[2] 등에 저촉될 가능성이 있으므로, 자신이 관리하는 서버에

---

2 (옮긴이) 대한민국 법령, 정보통신망 이용 촉진 및 정보보호 등에 관한 법률(https://www.law.go.kr/법령/정보통신망이용촉진및정보보호등에관한법률)

만 실시합니다. 그리고 취약성 진단에서는 SQL 삽입 여부를 조사하기 위해 데이터베이스에 대한 다양한 처리를 실행합니다. 이로 인해 의도하지 않은 데이터가 등록되거나 기존 데이터가 삭제될 가능성이 있으므로 자신이 관리하는 서버에 대해 진단하는 경우에도 사전에 백업을 해 둬야 합니다.

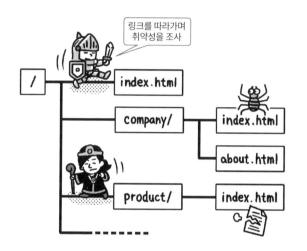

이런 도구를 이용해 체크할 수 있는 것은 전형적인 공격뿐이며 설계상 문제에 관해서는 발견할 수 없습니다. URL의 매개변수를 바꿔 썼을 때 다른 사람의 정보가 보이는 등의 취약성이 있더라도, 그것이 보여도 되는 정보인지 또는 그렇지 않은지 도구로는 판단할 수 없습니다. 그렇기에 많은 기업에서는 전문가에 의한 수작업 진단도 실시합니다. 전문가는 과거의 경험을 기반으로 취약성이 유입될 법한 처리를 검토함으로써 도구만으로는 발견할 수 없는 취약성을 조사합니다.

단, 도구나 전문가에 의한 취약성 진단으로 문제를 발견하지 못했다고 해서 취약성이 존재하지 않는다고 말할 수는 없습니다. 어디까지나 '실시한 조사 방법이 커버할 수 있는 범위에 한해 취약성을 발견하지 못했다'는 정도로만 생각하기 바랍니다. 실제로는 시간이 지난 뒤에 새로운 취약성이 발견되기도 하고, 전문가의 생각이 미치지 못한 곳에 취약성이 존재할 가능성도 있습니다.

만약 취약성이 있다고 판단되면 그 취약성을 노린 공격을 시도해보고 어떤 피해가 발생하는지 확인합니다. 개발 환경에서는 문제가 없었지만 프로덕션 환경에서는 문제가 발생하기도 하므로, 각기 다른 환경에서 확인합니다.

웹 애플리케이션에 대한 취약성뿐 아니라 OS나 웹 서버 소프트웨어, 데이터 베이스 등에 대해서도 취약성 진단이 필요합니다. 네트워크상에서 기동하는 컴퓨터에 이미 알고 있는 기술을 이용해 침입을 시도해 시스템에 취약성이 없는지 테스트하는 방법을 침투 테스트(Penetration Test) 또는 침입 테스트 라 부릅니다.

예를 들어 네트워크상에서 기동 중인 컴퓨터에 대해 포트 번호의 접근 여부 를 조사하면, 해당 컴퓨터가 대응하고 있는 프로토콜을 알 수 있습니다. FTP 로 파일을 업로드할 수 있게 하는 서버의 존재를 알았다면 자연히 FTP 포트 가 열려 있는 것을 알 수 있습니다. 공격자는 서버에 대해 다양한 조사를 하 므로 일반적으로 사용하지 않는 포트가 있다면 해당 포트를 닫는 등의 대책 도 필요합니다.

그리고 1장의 '1.4 개발 도구' 절에서 설명한 웹 프레임워크를 이용하면 안심 할 수 있을 것 같지만, 웹 프레임워크 자체에서도 취약성이 발견되기도 합니 다. 웹 프레임워크 제공자는 공격을 막기 위해 업데이트를 계속합니다. 웹 프 레임워크를 사용해 개발할 경우 최신 버전을 사용하는 것은 물론, 운용이 시 작된 뒤에도 해당 웹 프레임워크에서 취약성이 발견되지 않았는지 공식 문서 등을 확인하고, 업데이트가 제공되는 경우 가능한 최신 버전으로 업데이트합 니다.

WAF

취약성 진단은 개발이 끝나고 프로덕션 환경에 릴리스하기 직전에 실시하는 것이긴 하지만 개인 개발에서는 비용이나 일정 문제로 인해 실시할 수 없을 때도 있습니다. 기업에서는 과거에 개발한 웹 애플리케이션의 유지 보수에 더 이상 비용을 들일 수 없거나, 개발 회사와의 계약이 종료되어 프로그램을 수정하지 못하거나, 보다 안심할 수 있는 다른 방법을 함께 사용하고자 하는 경우 등도 생각할 수 있습니다.

이런 경우에는 WAF(Web Application Firewall) 도입을 검토합니다. 네트 워크에는 방화벽이라 불리는 기기를 설치(이번 장의 뒤에서 설명합니다)합 니다. 이와 마찬가지로 웹 애플리케이션에 대한 통신 내용을 확인해, 전형적인 공격이라 판단한 통신을 차단하는 구조입니다. 하드웨어로 제공되는 WAF 뿐만 아니라, 웹 서버에 서치하는 소프트웨어 형식이나 SaaS를 이용한 클라우드 형식의 운용 형태도 있으며 간단하게 도입할 수 있는 제품이 늘어나고 있습니다.

하지만 별도로 개발된 웹 애플리케이션의 사양이나 상세한 구현까지 WAF 제조사가 알 수는 없습니다. 그렇기에 제조사가 지금까지 검출한 공격 패턴 등을 WAF에 등록해 두고, 패턴과 일치하는 통신을 부정 접근으로 간주합니다. 이때 통신 내용이 공격인지 여부를 판단하는 방법으로 블랙 리스트 방식과 화이트 리스트 방식이 있습니다.

블랙 리스트 방식에서는 SQL 삽입 등의 취약성에 대한 대표적인 공격 패턴을 등록합니다. 예를 들어 게시판과 같은 폼에 HTML의 **script** 태그가 입력되거나, 로그인 시 사용자 이름에 특수 기호가 입력되는 등의 이미 등록된 패턴에 해당하는 통신이 있으면 '부정'이라 판단합니다.

한편 화이트 리스트 방식에서는 대표적인 '정상적인 통신' 입력 패턴을 등록하며, 리스트에 존재하지 않는 통신을 '부정'이라 판단합니다. 정상적인 통신은 웹 애플리케이션 구현 여부에 따라 다르므로, 어떤 입력이 일반적인지를 WAF에 화이트 리스트로 설정해야 합니다. 수작업으로 정의하는 데 많은 노력이 들기 때문에 일정 기간 동안은 무조건 통신을 허가하고, 그 사이 통신을 학습해서 자동으로 화이트 리스트를 생성하는 기능을 제공하는 WAF도 있습니다. 예를 들어 '년월일'의 '월'을 입력하는 폼이라면 1부터 12의 값만 입력해야 하므로 그 외의 값이 입력되면 부정이라 판단할 수 있습니다.

새로운 공격에 대비하려면 WAF 도입뿐 아니라 항상 최신 공격 방법에 대한 대책을 반영하도록 운용해야 합니다. 전담자가 사내에 없다면 전문 기술자를 통해 운용되는 클라우드형 서비스를 이용하는 것도 좋은 선택지가 됩니다.

취약성을 만들지 않으려면 무엇을 학습하면 좋을까요?

보안에 관한 전문서를 읽는 것도 한 가지 방법이지만 IPA(독립 행정 법인 정보 처리 추진 기구)에서 제공하는 '안전한 웹 사이트 작성 가이드'[3] 등의 자료를 활용하는 방안 등도 검토하는 것이 좋습니다.

웹 애플리케이션 개발 작업을 다른 회사에 발주할 때는 어떻게 의뢰하면 좋을까요?

제안을 요청할 때 작성하는 RFP(Request for Proposal: 제안 의뢰서)에 취약성 등에 관한 대책을 요하도록 기재할 수 있습니다.

 권장 도서

웹 보안 담당자를 위한 취약성 진단 시작 가이드 2판(쇼에이샤, 2019)(『Webセキュリティ担当者のための脆弱性診断スタートガイド第2版上野宣が教える新しい情報漏えいを防ぐ技術』, 上野宣(著), 翔泳社, 2019年, ISBN978-4798159164)

---

3 https://ipa.go.jp/security/vuln/websecurity.html,
소프트웨어 보안 취약점 진단 가이드(한국 인터넷 진흥원) https://www.kisa.or.kr/2060204/form?postSeq=9&page=1,
주요정보통신기반시설 기술적 취약점 분석 평가 상세 가이드(한국 인터넷 진흥원) https://www.kisa.or.kr/2060204/form?postSeq=12&page=1

앞선 CSRF에 관한 설명에서 "현대 웹 브라우저에서는 다른 출처 사이에서 요청이 송신되었을 때 그 결과를 전달하지 않도록(결과를 읽을 수 없도록) '동일 출처 정책 (Same-Origin Policy)'이 설정되어 있기 때문입니다"라고 설명했습니다. 하지만 다른 도메인에서 여러 웹 사이트를 운영하는 한편, 어떤 콘텐츠는 다른 웹 사이트 측에서 읽고 싶을 때가 있습니다.

이럴 때 편리한 것이 CORS(Cross-Origin Resource Sharing: 교차 출처 리소스 공유)입니다. 허가하는 송신원의 출처를 서버 측에 설정함으로써 송신된 요청에 해당 출처가 있다면 허가합니다(그림 5-10).

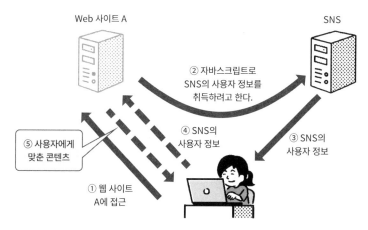

그림 5-10 **여러 도메인에서의 콘텐츠 공유**

이를 통해 다른 출처로부터 송신된 요청이라도 문제 없이 처리할 수 있게 됩니다. 신뢰할 수 있는 상대를 대상으로 사용하는 방법이므로, 임의로 사용하지 않도록 합니다.

로그를 보면 언제, 누가, 어디에서 왔는지 알 수 있다

로그

웹 사이트를 운영할 때 신경 쓰이는 사항은 얼마나 많은 사람이 열람했는지를 나타내는 접근 수 등의 지표입니다. 웹을 공개해도 아무도 보지 않는다면 의미가 없으므로, 접근 수 분석은 관리자의 중요한 업무입니다. 또한 로그를 확인함으로써 어떤 공격을 받고 있는지 알 수 있습니다. 로그의 종류와 그에 따른 분석 방법에 관해 소개합니다.

접근 로그

웹 서버는 접근 로그(Access Log)라 부르는 개별 요청과 그에 대한 응답 결과를 기록합니다. 예를 들어 그림 5-11과 같은 로그가 기록됩니다.

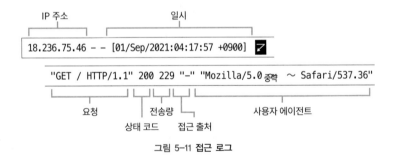

그림 5-11 **접근 로그**

접근 로그에는 다음과 같은 정보가 기록되어 있습니다.

- 요청 출처의 IP 주소
- 접근 일시
- 요청 내용과 상태 코드
- 사용자 에이전트(웹 브라우저 정보)

이러한 정보와 함께 직전에 열람했던 웹 페이지 정보가 기록되기도 합니다.

접근 일시의 시간 혹은 사용자 에이전트별 집계는 다양한 분석의 단초가 됩니다. 예를 들어 어떤 요일이나 시간대에 많이 열람되는지, Windows/macOS 중 어느 쪽 이용자가 많은지, 혹은 PC와 스마트폰 중 어떤 것으로 많이 열람하는지 등의 정보를 알 수 있습니다 (그림 5-12).

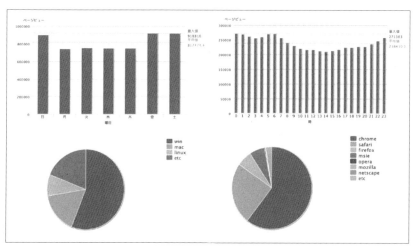

그림 5-12 접근 로그 집계 결과 예

웹 서버에 문제가 발생하지 않았는지 조사할 때도 접근 로그를 이용할 수 있습니다. 상태 코드에서 정상을 나타내는 200번대가 기록되어 있으면 문제 없다고 판단할 수 있지만, 접근이 집중되면 500번대 기록이 늘어납니다.

이용자가 접근한 페이지의 URL을 보면 실제로는 존재하지 않는 페이지에 대한 접근이 기록되기도 합니다.

```
104.199.146.31 - - [01/Sep/2021:23:59:56+0900] "GET /wp-login.php
HTTP/1.1" 403 1470 "-" "Mozilla/5.0 (X11; Ubuntu; Linux x86_64; rv:
62.0) Gecko/20100101 Firefox/62.0"
```

예를 들어 위 로그에서 '/wp-login.php'라는 페이지에 접근했을 때 '403'이라는 열람 금지 에러가 발생했음을 확인할 수 있습니다. 이 접근 로그는 CMS로 워드 프레스를 사용하고 있지 않은지 확인하는 것으로 보입니다. 즉, 워드 프레스에 남아있는 취약성을 노려 파일 이름을 지정했다고 생각할 수 있습니다. 만약 웹 서버에 이 파일 이름과 동일한 페이지가 존재했다면, 그 페이지로부터 다양한 공격을 시도할 가능성이 있습니다.

접근 로그는 접근 수를 확인하기 위함은 물론 보안 측면에서도 이용할 수 있습니다. 평소 어떤 접근이 있는지 체크해두면, 비정상적인 접근 여부를 눈치챌 가능성이 있습니다. 만약 특정한 IP 주소로부터 짧은 시간에 대량의 접근이 있다면 해당 IP 주소로부터의 접근을 방화벽으로 거부하는 등의 대책도 고려할 수 있습니다.

방화벽은 네트워크 외부(인터넷 측)와 내부(조직 내)의 경계에 설치해 통신내용을 감시합니다. 미리 결정한 규칙에 따라 데이터 전송 허가 여부를 판단하고, 외부로부터 웹 서버나 메일 서버에 대한 통신은 허가하고 FTP 서버나파일 서버에 대한 통신은 거부하는 등으로 설정할 수 있습니다. 외부로부터의 통신뿐 아니라 내부로부터 외부 통신도 차단할 수 있습니다(그림 5-13).

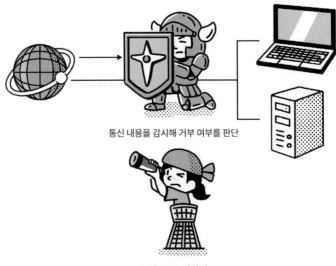

통신 내용을 감시해 거부 여부를 판단

그림 5-13 **방화벽**

OS 로그 등의 일괄 관리

웹 서버에 대한 접근 로그는 접근 일시나 IP 주소, 웹 브라우저의 정보 등 비교적 알기 쉬운 항목이 기록되어 있습니다. 임대 서버 관리 화면에서는 집계 결과를 보기 쉽도록 형태를 정리해서 표시합니다.

로그는 웹 서버만 출력하지 않습니다. 메일 서버나 데이터베이스 서버, FTP 서버, OS 자체가 출력하는 로그도 있습니다. 이러한 로그를 평소에 확인함으로써 각 서버의 처리 능력에 여유가 있는지 판단할 수 있고, 에러가 발생했을 때 빠르게 대응할 수 있습니다. 이런 로그가 여러 위치에 출력되면 확인 자체가 어려우므로, 로그를 일괄적으로 관리하는 방법이 있습니다.

예를 들어 UNIX 계열 OS에서는 syslog라는 로그를 표준 제공합니다. 그림 5-14와 같이 syslog 서버를 준비하고, 다양한 시스템으로부터 출력되는 로그를 서버에 전송해 일괄 관리합니다.

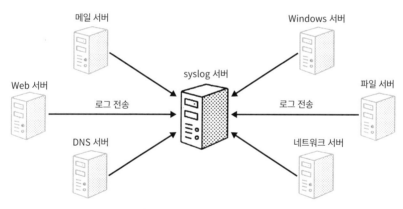

그림 5-14 syslog 서버로 로그 전송

이를 이용해 관리자는 syslog 서버의 내용을 확인함으로써 각 서버의 상태를 알 수 있습니다. 출력된 로그를 판단해 긴급도에 따라 수준에 맞춰 분류하거나 임의의 수준을 지정할 수도 있습니다.

여러 서버로부터 로그를 전송해서 관리하므로 기존 서버와는 다른 위치에 같은 로그를 보관할 수 있습니다. 예를 들어 데이터베이스 서버에서 syslog 서버에 로그를 전송한다면, 데이터베이스 서버가 공격을 받아 로그가 바뀌어도 syslog 서버가 안전한 위치에 있다면 로그를 보전할 수 있습니다.

한편 애플리케이션 측은 syslog 서버에 전송하기 위한 로그를 출력해야 합니다. syslog에서 로그를 관리하면 한 행을 하나의 로그로 간주하는 사양 등의 유연성이 없으며, syslog 서버가 다운되면 해당 기간에 전송된 로그가 사라질 가능성이 있는 등 로그 관리라는 점에서는 기능이 충분하지 않았습니다.

그래서 데이터 수집을 목적으로 하는 Fluentd 등의 도구를 로그 관리에 사용할 수도 있습니다. Fluentd는 로그뿐 아니라 다양한 형식의 데이터를 수집할 수 있는 도구이며, 유연한 로그 형식에 대응합니다(그림 5-15). 로그를 다른 시스템에 간단하게 출력할 수 있는 것 또한 특징입니다. 입력과 출력이 모듈화되어 있으며, 해당 모듈을 플러그의 형태로 바꾸면서 다양한 데이터에 대응할 수 있습니다.

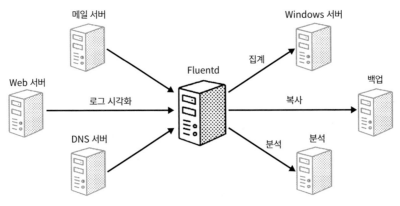

그림 5-15 Fluentd에서의 로그 관리

그리고 로그 취득에는 지금까지 소개했던 '사후 조사'와 함께 '부정 억제'나 '예방 감지' 역할도 있습니다. 즉, 문제가 발생했을 때의 조사를 위해 로그를 보관하는 동시에 항상 감시함으로써 부정을 수행하는 사람을 줄이고, 평소 로그를 감시함으로써 이상 징후를 발견할 수도 있습니다. 감시에 관해서는 6장에서 소개합니다.

로그를 불러올 때 주의할 점은 무엇일까요?

시각을 동기하는 것(모든 단말에서 시각을 맞추는 것)입니다. 여러 시스템의 시각이 다르면 로그 순서가 뒤섞여 있어 자세한 상황을 파악하지 못할 가능성이 있습니다.

시각을 동기하려면 어떻게 해야 하나요?

일반적으로는 NTP(Network Time Protocol)라는 구조를 사용해 동기합니다. 인터넷상의 서버와 통신해서 자동으로 시각을 조정해 줍니다.

 권장 도서

보안을 위한 로그 분석 입문 ~사이버 공격의 흔적을 발견하는 기술~(Software Design plus 시리즈)(기술평론사, 2018)(『セキュリティのためのログ分析入門サイバー攻撃の痕跡を見つける技術(Software Design plus シリーズ)』, 折原慎吾(著) 他, 技術評論社, 2018年, ISBN978-4297100414)

인증과 인가

위장,
비밀번호만으로
막을 수 있을까?

EC 사이트나 SNS 등 회원제 웹 사이트를 만든다면 이용자가 본인인지를 확인해서 로그인을 허가하는 구조가 필요합니다. 이때 특정한 개인을 식별하는 '인증'과 해당 사용자에게 맞는 권한을 부여하는 '인가'를 고려해야 합니다. 웹 애플리케이션에서 인증과 인가를 구현하는 방법에 관해 알아 둡니다.

Basic 인증

인터넷에 공개되어 있는 웹 사이트라도 일부 사람만 열람하도록 하고 싶을 때는 ID와 비밀번호를 이용한 인증을 많이 사용합니다. 간단한 방법으로 Basic 인증(Basic Authentication)이 있으며, 대부분의 웹 서버 및 웹 브라우저가 대응 중이기에 많이 사용됩니다.

Basic 인증을 도입한 웹 사이트에 접근하면 웹 서버로부터 '401'이라는 상태 코드가 반환됩니다. 이는 인증이 필요한 상황을 나타내며 사용자 이름과 비밀번호를 입력하는 화면이 표시됩니다(그림 5-16). 이용자가 사용자 이름과 비밀번호를 입력하면 같은 URL로 해당 정보를 가진 요청이 송신됩니다. 인증에 성공하면 대상 페이지가 표시됩니다.

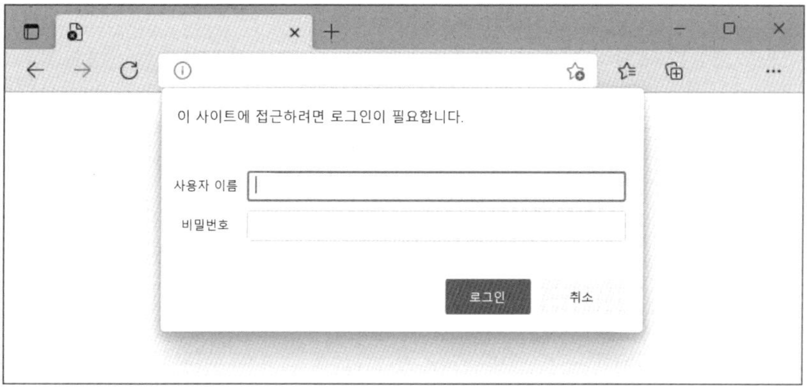

그림 5-16 Basic 인증 화면

한 번 인증에 성공한 뒤에는 해당 웹 서버에 대한 HTTP 요청 헤더에 사용자 이름과 비밀번호를 Base64[1]라는 방법으로 인코딩한 값을 송신합니다. 이용자는 여러 차례 사용자 이름과 비밀번호를 입력할 필요가 없습니다.

웹 서버로 아파치를 사용한다면 '.htaccess'라는 파일을 작성해 접근을 제한할 파일이나 디렉터리를 지정하고, 사용자 이름과 비밀번호 쌍을 '.htpasswd' 등의 파일로 관리하기만 하면 됩니다.

이 방법은 HTTP 요청 헤더에 사용자 이름과 비밀번호를 송신해 로그인할 수 있고, 웹 애플리케이션으로 구현하기에도 간단하므로 사내 서버 등에서 간단한 인증 구조를 도입하고자 할 때 자주 이용됩니다. 이용자에 따라 페이지의 내용을 전환하는 등 표시되는 내용을 제한하는 상황에서는 편리하지만 웹 사이트의 링크를 클릭할 때마다 사용자 이름과 비밀번호가 요청 헤더로 매번 전송됩니다. 비밀번호는 Base64로 인코딩되어 있지만 암호화 방법은 아니기 때문에 평문으로 송신되는 상태와 다르지 않습니다.

비슷한 구조로 다이제스트 인증이 있습니다. 다이제스트 인증에서는 비밀번호를 해시화한 값을 송신하지만 해시화에 MD5 등의 해시 함수를 사용하게

---

1 https://ipa.go.jp/security/vuln/websecurity.html
소프트웨어 보안 취약점 진단 가이드(한국 인터넷 진흥원) https://www.kisa.or.kr/2060204/form?postSeq=9&page=1
주요정보통신기반시설 기술적 취약점 분석 평가 상세 가이드(한국 인터넷 진흥원) https://www.kisa.or.kr/2060204/form?postSeq=12&page=1

되면 단시간에 해독할 수 있습니다. 인터넷상에서 이용자를 인증하는 경우에는 HTTPS를 도입하고, 다음에 설명하는 폼 인증 등을 사용하기 바랍니다.

폼 인증

SNS나 EC 사이트 등 인터넷상에서 로그인이 필요한 웹 사이트에서는 HTML로 작성한 폼을 이용한 폼 인증(Form Authentication) 인증 방법이 널리 이용되고 있습니다. 폼 인증은 ID와 비밀번호를 입력하는 화면을 자유롭게 디자인할 수 있으며, 회원 등록 등의 화면과 연동해 데이터베이스로 관리할 수 있는 등의 장점이 있습니다.

그림 5-17은 최초에 ID와 비밀번호를 입력하는 폼의 예입니다.

그림 5-17 폼 인증

이 입력 필드에 ID와 비밀번호를 입력해 송신하고 웹 서버 측에서 인증에 성공하면 세션이 시작되고 쿠키에 세션 ID가 저장됩니다. 이 세션은 ID를 쿠키로 송신하고 로그인 상태를 보관합니다.

ID와 비밀번호가 송신되는 것은 최초 로그인할 때만이며, 이후에는 세션 ID만을 주고받기 때문에 Basic 인증보다는 조금 더 안전합니다. 단, ID와 비밀번호가 평문으로 송신된다는 점은 변함없으므로 반드시 HTTPS를 이용해 통신을 암호화해야 합니다.

OAuth, OpenID Connect

Basic 인증이나 폼 인증을 이용할 때 이용자가 여러 웹 사이트에 회원 등록을 하고 같은 ID와 비밀번호를 계속 사용하면 비밀번호 목록 공격[2]의 위험이 있습니다. 모든 웹 사이트에서 ID와 비밀번호를 각기 다르게 설정해야겠지만, 일반 이용자에게 적절한 비밀번호 관리를 요구하는 것은 어려울 것입니다.

최근에는 비밀번호 관리 소프트웨어를 이용한 관리를 권장하지만, 근본적으로 ID와 비밀번호의 입력을 줄이는 구조가 있습니다. 인터넷상에서 자주 사용되는 것은 소셜 로그인(Social Login) 방법입니다. 트위터나 페이스북, 구글 등의 로그인 정보를 사용해 다른 사이트에도 로그인할 수 있는 방법입니다(그림 5-18).

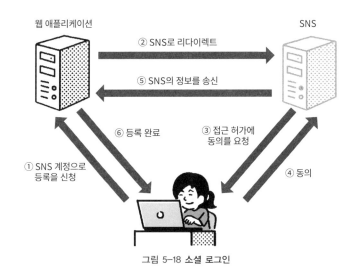

그림 5-18 소셜 로그인

소셜 로그인을 이용해 웹 애플리케이션(서드 파티 애플리케이션)에 SNS에 등록한 ID로 로그인할 수 있습니다. 하지만 SNS ID나 비밀번호를 서드 파티 애플리케이션에서 전달하는 것은 보안상의 문제가 있으므로 ID와 비밀번호를 전달하지 않고 로그인할 수 있어야 합니다. 이때 이용하는 것이 OAuth와 OpenID Connect라는 기술입니다.

---

2 공격자가 부정하게 얻은 ID와 비밀번호 리스트를 이용해 부정 로그인하는 공격입니다.

OAuth를 이용하면 SNS에서 이용자가 가진 일부 권한에 서드 파티 애플리케이션이 접근할 수 있도록 합니다. 예를 들어 SNS에 등록한 메일 주소는 불러올 수 있지만 변경은 불가능하며, 과거에 게시된 내용은 읽을 수 있지만 새로이 게시를 할 수 없는 등의 권한을 생각할 수 있습니다. 이렇게 어떤 사이트에 등록되어 있는 정보에 접근할 수 있도록 권한을 인정하는 방식을 인가(Authorization)라고 합니다(그림 5-19).

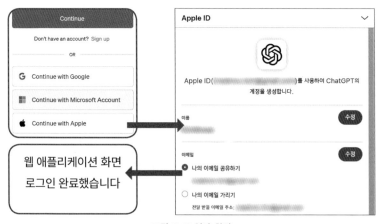

그림 5-19 인가 화면

서드 파티 애플리케이션이 요구하는 권한을 이용자에게 제시하고 그 동의를 얻으면 'SNS에서 접근 토큰(Access Token)'이라는 값을 서드 파티 애플리케이션에 전달합니다. 이 접근 토큰을 가진 서드 파티 애플리케이션은 허가된 권한 안에서 정보를 다룰 수 있습니다.

이런 구조를 처음부터 구현하기는 어려우리라 생각할 수도 있겠지만 실제로는 많은 웹 애플리케이션 프레임워크에서 편리한 라이브러리를 제공하고 있습니다. 예를 들어 라라벨을 사용한다면 socialite, 루비 온 레일즈를 사용하면 OmniAuth 등을 사용하면 됩니다.

소셜 로그인을 웹 사이트에 도입할 때는 SNS 측에 서비스 개발자로 서비스 이름과 URL을 등록해야 합니다. 표 5-2는 소셜 로그인 개발자용 서비스 예시입니다.

표 5-2 소셜 로그인을 제공하는 서비스 예

SNS	개발용 서비스 이름	URL
트위터	Twitter DEveloper	https://developer.twitter.com
페이스북	Facebook for Developers	https://developers.facebook.com
구글	Google Cloud Platform	https://console.developers.google.com
라인	LINE Developers	https://developers.line.biz/
네이버	NAVER Developers	https://developers.naver.com/products/login/api/api.md
카카오	kakao developers	https://developers.kakao.com/docs/latest/ko/kakaologin/rest-api

SNS 계정을 이용한 인증은 편리하지만 무언가 위험은 없을까요?

SNS 계정이 유출되면 연동 중인 서비스도 유출된다는 점입니다.

SNS 계정 정보의 유출을 막으려면 어떻게 하는 것이 좋을까요?

여러 서비스에서 2단계 인증이나 2팩터 인증을 도입 중이기에 이를 반드시 설정합니다.

 권장 도서

OAuth 철저 입문 ~안전한 인가 시스템을 적용하기 위한 원칙과 실천~(쇼에이샤, 2019) (『OAuth徹底入門 セキュアな認可システムを適用するための原則と実践』, Justin Richer (著), Antonio Sanso(著), Authlete Inc.(監修), 須田智之(翻訳), 翔泳社, 2019 年, ISBN978 -4798159294)

6

EC 사이트
설계와 운용

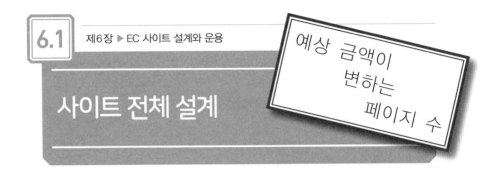

사이트 전체 설계

예상 금액이 변하는 페이지 수

블로그나 게시판 SNS 이외에도 기업 시스템이나 CMS 등 다양한 웹 애플리케이션이 존재합니다. 여기에서는 이제까지 소개한 기술을 조합해 간단한 EC 사이트(쇼핑 사이트)를 만드는 방법을 생각해봅니다.

이 장에서는 EC 사이트를 만들고자 하는 사람(발주자)에게 의뢰를 받아 사이트를 만드는 사람(개발자)의 관점에서 먼저 설계 단계를 생각합니다. 여기에서는 설명을 생략하지만 일반적으로는 요구사항 정의 단계에서 상세한 요구사항을 결정해야 합니다.

사이트 맵

일반적인 웹 프레임워크를 사용해 새로운 웹 애플리케이션을 처음부터 만들때는 설계 단계에서 전체 동작을 문서화하는 것이 중요합니다. 어떤 기능이 필요한지 생각해봅니다.

단순한 예시로, 이미지를 그리기 위해 이미지 등의 전자 데이터 판매 사이트를 개발한다고 가정합니다. 전자 데이터라면 재고를 고려할 필요가 없고, 이용자는 원하는 만큼 무제한으로 구입할 수 있습니다. 물리적인 상품이 없으므로 상품 발송 상황을 관리할 필요가 없으며, 이용자는 구입하는 즉시 해당 상품을 다운로드해서 사용할 수 있다고 가정합니다(다운로드 상황 등도 관리하지 않습니다).

이때 웹 애플리케이션에 필요한 최소 기능으로 다음을 가정할 수 있습니다.[1]

- [이용자 측 기능]
  - 회원 등록
  - 상품 검색
  - 쇼핑 카트(장바구니)
  - 결제
  - 구입한 상품 관리

- [관리자 측 기능]
  - 회원 관리
  - 상품 관리
  - 발주 현황 관리

이렇게 기능만 열거해서는 어떤 화면을 준비하고, 이용자가 어떤 페이지 사이를 이동하는지 알기 어렵기 때문에 전체적인 이미지를 파악할 목적으로 먼저 웹 사이트의 페이지 구성을 만듭니다. 웹 사이트의 전체 이미지는 사이트맵(Sitemap)이라고도 부릅니다(그림 6-1).

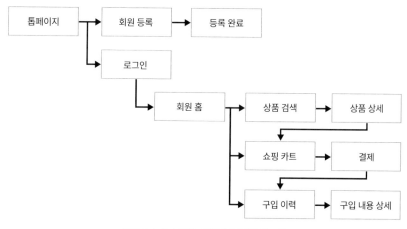

그림 6-1 웹 사이트 페이지 구성(사이트맵)

---

1 '인기 순위', '이 상품을 구입한 사람들은 이런 상품도 구입했습니다'와 같은 기능을 제공하는 웹 사이트도 있지만 여기에서는 해당 기능을 제공하지 않습니다.

그림과 같이 웹 페이지 간 이동을 화살표로 표시함으로써 어떻게 화면을 이동하는지 파악할 수 있으며, 각 웹 페이지에서 실현하고자 하는 기능을 정리할 수 있습니다. 각 웹 페이지에서 표시할 항목을 기입해 두면, 어떻게 데이터베이스를 구축해야 하는지를 함께 고려할 수 있습니다.

사이트맵을 작성하면 최소한의 웹 애플리케이션의 전체 이미지를 그릴 수 있습니다. 위 예시는 이용자 측의 페이지 구성입니다. 관리자 측 페이지 구성도 생각해봅니다. 그리고 이용자 입장에서도 '이런 기능이 있으면 편리할 것 같은' 기능을 추가해봅니다.

▎관리 화면의 기능과 쇼핑 카트

웹 사이트의 기능으로 꼽은 '회원 등록'이나 '검색'은 EC 사이트뿐 아니라 사내 시스템이나 SNS와 같은 웹 애플리케이션을 만들 때도 공통으로 필요합니다. 등록되어 있는 데이터 목록 표시, 신규 등록, 등록 내용 표시, 변경 및 삭제 등의 기본적인 기능은 많은 웹 애플리케이션에서 제공합니다. 예를 들어 관리자 측의 상품 관리 작업을 생각하면 그림 6-2와 같은 화면이 필요할 것이라고 상상할 수 있습니다.

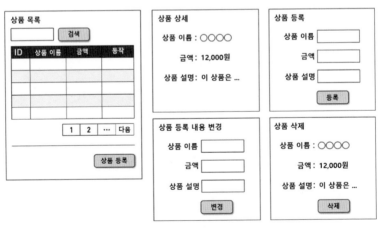

그림 6-2 관리자 화면 이미지

한편 쇼핑 카트나 결제와 같이 EC 사이트 특유의 기능이 있습니다. 쇼핑 카트에도 구입한 상품 등록이나 삭제와 같은 기능이 필요함을 생각하면 상품 등록과 동일하게 보이지만, 몇 가지 상황을 고려해 만들어야만 합니다.

먼저 쇼핑 카트는 일시적입니다. 상품 구입을 마치면 해당 카트는 필요하지 않습니다. 만약 구입을 망설인 채 일정 기간이 지나면 자동으로 삭제하는 기능이 필요할 수도 있습니다.

그리고 여기에서는 고려하지 않지만 물리적인 상품은 재고 수에 한계가 있으며 재고가 남아있는지 확인해야 합니다. 다른 사람과 동시에 쇼핑 카트에 넣으려 하는 상품을 처리하는 방법은 어려운 문제입니다.

재고가 하나뿐이라면 A가 쇼핑 카트에 넣은 단계에서 B의 화면에는 재고가 없다는 알림이 뜨며 쇼핑 카트에 넣을 수 없도록 하는 방법을 생각할 수 있습니다. 하지만 A는 도중에 쇼핑을 그만둘 수도 있습니다. 그렇게 되면 두 이용자 모두 구입하지 못하고 매출도 발생하지 않습니다.

양측이 쇼핑 카트에 넣을 수 있는 설계의 경우에는 뒤에서 나중에 쇼핑 카트에 넣었다 하더라도 먼저 B가 구입을 한다면 A의 쇼핑 카트에 들어있는 상품은 에러로 처리해야 합니다. 이때 A가 다른 상품도 함께 구입하고자 할 경우 모두 에러로 처리할지 구매가 불가능한 일부 상품만 에러로 처리할지 여부가 문제가 됩니다.

많은 경우 쇼핑 카트에는 상품을 넣을 수 있도록 설계되어 있습니다. 그리고 구입을 확정하는 단계에서 재고를 확인하고, 다른 사람이 구입했다면 에러가 발생하도록 구현합니다. 쇼핑 카트를 만들려면 이런 이용자의 상황을 고려해야 합니다.

결제 기능

말할 필요도 없이 결제 기능은 신중하게 설계해야 합니다. 쇼핑 카트에서 구입을 결정했을 때, 어떤 방법으로 지불하도록 할지 고려합니다.

인터넷상에서 상품을 구입하는 경우 신용 카드 지불 외에 은행 입금, 계좌 이체, 간편 결제 등을 생각할 수 있습니다. 신용 카드 지불은 결제 결과를 곧바로 받을 수 있어 시스템화하기 쉬운 한편, 카드 정보 취급과 관련된 보안 측면을 고려해야 합니다. 고객의 카드 번호를 관리하는 작업을 피하고 싶은 경우에는 결제 대행 서비스를 일반적으로 사용합니다.

결제 대행 서비스를 이용하더라도 다음 원인으로 인해 결제에 실패할 수 있습니다.

- 결제 금액의 상한선을 넘었다.
- 카드 번호가 잘못되었다.
- 유효 기간이 초과되었다.

또, 앞에서 설명했듯 어느 시점에 재고 여부를 처리할지 고려하지 않으면 결제를 했음에도 구입할 수 없는 사태가 발생합니다.

은행 입금은 신용 카드 회사의 결제 수수료가 필요 없다는 장점이 있지만, 은행 입금을 확인한 후 입금 및 구입 이력을 보고 삭제하는 작업이 발생합니다. 이용자에 따라서는 잘못된 금액을 입력하거나 나눠서 입금하거나 은행 수수료를 제외한 금액을 입금하는 등의 문제가 발생할 수 있습니다. 입금 내역이 많으면 대응하는 주문 정보가 무엇인지 알 수 없기도 합니다. 즉, 관리 담당자의 수작업이 발생합니다. 이를 관리할 수 있도록 웹 페이지를 준비하는 것도 고려해야 합니다.

구독 계약일 경우 '매월', '3개월마다', '매년'과 같은 정기적인 지불이 발생한다면 신용카드 지불 외에 계좌 이체(자동 이체)를 이용하는 방법도 있습니다. 이때는 계좌 이체 의뢰서(자동 이체 의뢰서)를 사용해 금융 기관에서 자동 이체가 가능하도록 설정합니다.

가능한 사무 작업의 부담을 줄이고 싶다면 결제 수수료를 지불하더라도 신용 카드 결제에만 대응하는 방법이 편리합니다. 단, 신용 카드를 가지고 있지 않는 이용자도 고려해야 하므로 다른 결제 방법도 준비해야 합니다.

각 결제 방법에 관해서는 7장에서 자세히 설명합니다.

▌스마트폰 대응

EC 사이트뿐 아니라 최근에는 스마트폰에서 웹 사이트를 열람하는 사람이 늘어나고 있습니다. 기업 웹 사이트에서도 절반 이상이 스마트폰에서 접속한 경우가 적지 않습니다. 따라서 웹 애플리케이션을 개발할 때는 PC뿐 아니라 스마트폰에서도 부드럽게 사용할 수 있는지, 보기 쉬운지 유의해야 합니다.

PC용 웹 사이트를 그대로 스마트폰에서 표시하면 문자가 작게 표시되므로 이용자는 화면을 확대하게 됩니다. 이 상태에서는 페이지를 상하좌우로 스크롤해서 열람해야만 하며 화면을 쉽게 볼 수 없습니다. 같은 이유로 스마트폰에서 표시하는 화면에서는 가로 방향의 스크롤을 되도록 피하는 것이 바람직합니다. PC에서는 가로로 넓게 표시되는 표 형식의 데이터를 스마트폰에서는 세로로 배열한 리스트로 표시하기도 합니다.

버튼을 누를 때 마우스로 조작하는 경우와 터치 패널을 이용하는 경우 적절한 버튼 크기가 다릅니다. 버튼 주변에 여백을 충분히 설정해서 잘못 누르지 않도록 하는 웹 사이트도 많습니다.

스마트폰 전용 페이지를 준비하는 방법도 있지만 반응형 디자인(Responsive Design) 방법을 적용한 디자인이 늘어나고 있습니다. 하나의 HTML 파일로, 화면의 폭에 따라 레이아웃이나 문자 크기를 조정할 수 있고 CSS를 이용해 관리할 파일의 수를 줄일 수 있다는 장점이 있습니다(그림 6-3).

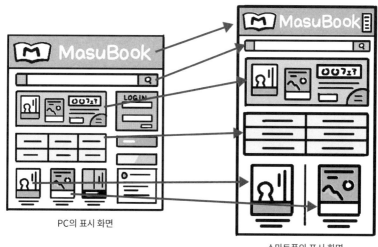

PC의 표시 화면

스마트폰의 표시 화면

그림 6-3 같은 페이지를 PC와 스마트폰에서 열었을 때의 화면 구성

목록 표시

웹 사이트 관리자는 상품 및 회원 관리 화면 등에서 목록 표시 기능을 자주 사용합니다. 입력된 검색 조건에 일치하는 데이터를 표시하고 싶을 때도 있습니다.

웹 애플리케이션에서 목록을 표시하는 방법으로는 '전체 표시', '일부 표시', '페이징'의 3가지를 생각할 수 있습니다. 각각 장단점이 있으므로 용도에 따라 구분해서 사용합니다(그림 6-4).

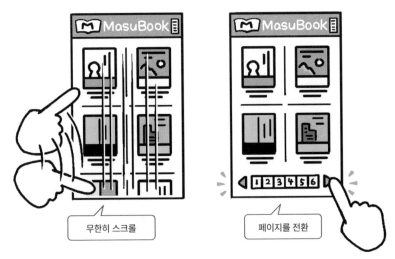

무한히 스크롤

페이지를 전환

그림 6-4 목록 표시 방법

전체 표시는 검색 결과를 모두 한 페이지에 표시하는 방법입니다. 화면을 스크롤하면 모든 데이터를 확인할 수 있고, 웹 브라우저가 제공하는 검색 기능을 사용해 해당 페이지에서 특정 키워드를 찾을 수도 있습니다.

하지만 전체 표시의 경우 데이터를 모두 웹 서버로부터 다운로드하게 됩니다. 즉, 파일 다운로드와 마찬가지로 데이터량이 많으면 그만큼 표시하는 데 시간이 소요됩니다. 그리고 데이터베이스로부터 취득한 데이터를 서버 측에서 일시적으로 저장한 뒤 웹 브라우저에 보내기 때문에 많은 접근이 집중되면 웹 서버가 메모리 부족 현상을 겪을 가능성도 있습니다.

검색 조건을 지정했더라도 조건에 따라서는 데이터베이스에 저장되어 있는 모든 데이터를 표시하게 될 수도 있습니다. 때문에 전체 표시될 데이터량이 메모리의 크기나 통신 내용으로 허용할 수 있는 만큼으로 제한됩니다. '최대 1년'과 같이 기간을 지정해 검색 범위를 줄임으로써 검색 결과 수를 줄일 수 있습니다.

일부 표시는 일부 검색 결과만 페이지에 표시하는 방법입니다. 예를 들어 100건까지 표시하도록 설정했을 때, 만약 검색 결과 수가 그 상한을 넘는다면 이용자에게 조건을 추가해서 필터링하도록 요청하는 방법입니다. 적절한 검색 조건을 지정하지 않으면 원하는 데이터를 발견할 수 없고, 검색 결과 수의 상한을 넘으면 다시 검색해야만 하는 단점은 있지만 웹 서버에 대한 부하는 작아집니다. 이용자가 잘못해서 데이터량이 많아지는 검색 조건을 지정하더라도 메모리 부족에 의한 서버 에러는 피할 수 있습니다.

일부 표시를 도입할 때는 검색 조건을 잘 다듬어야 합니다. 이름으로 검색하는 경우 부분 일치뿐 아니라 완전 일치나 전방 일치 기능 등을 제공하면 검색 결과 수를 줄일 가능성이 있습니다. 그 밖에도 사원을 검색할 때는 이름뿐 아니라 부서에 대한 필터링을 추가함으로써 검색 결과 수를 줄일 수 있습니다.

페이징은 한 페이지당 검색 결과 수를 지정함으로써 해당 수만큼 검색 결과를 불러오는 방법입니다. 한 페이지의 검색 결과 수를 넘더라도 '다음 페이지'라는 버튼을 눌러 같은 조건으로 다음 데이터를 불러올 수 있습니다. 데이터 전체를 보려면 시간이 소요되지만, 검색 엔진에서의 검색 결과와 같이 주로 검색 결과의 상위 결과를 볼 때 효과적인 표시 방법입니다.

그리고 페이징 방법으로 웹 서버 측에서 페이징을 하는 방법과 웹 브라우저 측에서 페이징을 하는 방법이 있습니다. 또한 웹 서버 측에서 페이징을 할 때는 페이지 번호를 지정하는 방법과 페이지 안의 가장 마지막 데이터를 전달하는 방법 등을 고려할 수 있습니다.

페이지 번호를 지정해 매번 데이터베이스를 불러오는 방법에서는 1번째 페이지를 불러온 뒤, '다음 페이지' 버튼을 누르면 2번째 페이지를 불러옵니다. 업데이트 빈도가 적을 때는 문제 없지만 웹 애플리케이션에서는 여러 이용자가 동시에 업데이트나 불러오기 작업을 수행합니다. 어떤 이용자가 데이터 베이스를 업데이트하면 다른 이용자가 표시 중인 데이터의 형태에 영향을 줄 가능성이 있습니다. 예를 들어 4건씩 표시할 때 1번째 항목부터 표시 중인 페이지에서 '다음 페이지' 버튼을 누르면 5번째 항목부터 4건이 표시되어야 하지만, 이면에서 데이터가 추가되면 1번째 페이지에 표시되었던 데이터가 2번째 페이지에 중복 표시될 수도 있습니다. 마찬가지로 데이터가 삭제되면 2번째 페이지를 표시했을 때 일부 데이터가 표시되지 않을 수도 있습니다(그림 6-5).

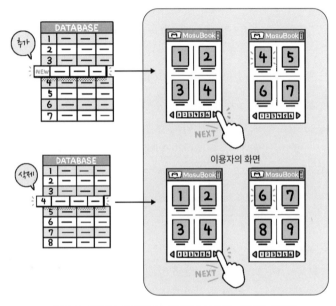

그림 6-5 데이터를 추가하거나 삭제하면 표시되는 범위가 바뀐다

때문에 페이지 번호를 지정하지 않고 페이지의 가장 마지막 데이터를 조건으로 지정하는 방법이나 데이터베이스에서 불러온 내용을 웹 서버 측에서 보관해 두고, 이를 순서대로 표시하는 방법을 사용하기도 합니다. 단, 페이지의 가장 마지막 데이터를 저장하면 임의의 페이지 번호로 이동할 때 번거롭고, 웹 서버 측에서 데이터를 보관하면 서버의 부하를 높이기 때문에 임의의 페이지로 간단하게 이동할 수 있는 페이지 번호를 지정하는 방법도 자주 이용합니다.

웹 브라우저 측에서 페이징할 때는 자바스크립트로 제어합니다. 이 경우 최초 접근 시 모든 데이터를 불러오기 때문에 정렬 및 필터 작업을 자바스크립트로 처리합니다. 이용자 입장에서는 사용성이 좋은 반면, 전체 표시와 마찬가지로 다운로드에 시간이 소요되는 단점이 있습니다.

웹 페이지 이동뿐 아니라 웹 페이지를 구성하는 방법에 따라서도 개발 비용이 크게 달라질 것 같아요.

웹 사이트 전체 페이지 수를 알 수 없으면 예상 비용 예측도 불가능하므로 처음에 전체 구성을 결정해 두는 것이 중요합니다.

나중에 페이지를 추가하는 작업은 고려하지 않는 편이 좋을 것 같아요.

목록 화면에 표시할 건수에 따라서도 개발 비용이 달라지므로 사전에 표시 방법을 검토하는 것이 좋습니다.

 권장 도서

중소 기업이 시스템 외주를 시작할 때 읽어야 할 책(스바루사, 2018)(「中小企業の「システム外注」はじめに読む本」, 坂東大輔(著), すばる舎, 2018年, ISBN978–4799107485)

6.2

데이터베이스 설계

웹 사이트의 전체 구성과 각 화면의 이미지를 구상했다면 이제 화면에서 입력된 정보를 저장할 위치를 생각합니다. 이번 절에서는 1장에서도 소개했던 데이터베이스의 설계 방법과 그 주의점에 관해 설명합니다.

한 번 작성한 데이터베이스의 테이블 구조를 이후에 변경하면 기존 프로그램을 수정할 때 큰 영향을 미칠 가능성이 있습니다. 따라서 설계 단계에서 어느 정도 세부적인 사항을 결정해 둬야 합니다.

회원 관리

이용자가 웹 애플리케이션에 로그인하거나 메일 주소 및 비밀번호를 변경하기 위해서는 이용자 정보를 어딘가에 저장하고 있어야 합니다. 이용자가 늘어나면 이용자의 정보를 관리하기 어려워지기 때문에 데이터베이스에 주로 저장할 것입니다. 이때 어떤 항목을 저장하면 좋을지 생각해봅니다.

예를 들어 PHP를 사용해 웹 애플리케이션을 개발할 때 라라벨이라는 웹 프레임워크를 사용하면, 초기 상태에서 표 6-1과 같은 항목을 제공하는 테이블이 'users'라는 이름으로 작성됩니다.

표 6-1 라라벨의 users 테이블 항목

항목 이름	타입	비고
id	INT	기본 키
name	VARCHAR(255)	
email	VARCHAR(255)	고유 값
email_verified_at	TIMESTAMP	
password	VARCHAR(255)	해시화한 값
remember_token	VARCHAR(255)	
created_at	TIMESTAMP	
updated_at	TIMESTAMP	

'id'는 등록한 이용자를 식별하는 ID입니다. 회사의 사원 번호, 학교의 학번 등에 해당합니다. 이용자가 회원 등록을 하면 자동으로 부여되는 번호에 따라 이용자를 고유하게 식별할 수 있습니다. 데이터베이스에 유일하게 식별할 수 있는 항목을 기본 키(Primary Key)라 부릅니다.

'id' 타입에 지정되어 있는 'INT'는 Integer의 약자로 정수를 나타냅니다. 정수 값만 저장할 수 있으며 알파벳 등의 문자를 저장하려 하면 에러가 발생합니다. 이와 같이 데이터베이스에서는 타입에 따라 저장할 수 있는 데이터를 제한함으로써 데이터를 쉽게 처리할 수 있도록 합니다.

'name'은 이용자 이름, 'email'은 이용자의 메일 주소, 'password'는 이용자의 비밀번호를 해시화한 값으로 모두 문자열입니다. 'VARCHAR'는 가변 길이의 문자열 타입을 의미합니다. 괄호 안에 '255'를 지정하면 255문자 이내의 문자열을 저장할 수 있습니다. 메일 주소는 로그인 시 사용하므로 중복 값이 입력되면 이용자를 식별할 수 없습니다. 때문에 '고유값(UNIQUE)'이라는 제한을 설정함으로써 중복 값이 저장되면 에러가 발생합니다. 그리고 'created_at'은 각 데이터를 생성한 일시, 'updated_at'은 각 데이터를 업데이트한 일시가 설정됩니다. 이런 칼럼을 준비해두면 언제 회원 가입을 했는지, 언제 패스워드를 변경했는지 등을 알 수 있습니다.

그 밖에 필요한 항목으로 사내 시스템의 경우라면 이용자의 직책, 기업 매칭 사이트라면 회사 이름과 주소 등을 생각할 수 있습니다. 이런 정보는 위 테이블에 칼럼을 추가해서 관리하거나 다른 테이블로 관리할 수 있습니다.

칼럼을 추가하면 관련된 데이터를 하나의 테이블에서 관리할 수 있다는 장점이 있습니다. 업데이트 이력 등을 저장할 필요가 없을 때는 칼럼을 추가하는 방법을 많이 사용합니다.

로그인 일시를 관리하고 싶다면 다른 테이블로 구성하는 것이 좋습니다. 예를 들어 로그인 이력 테이블과 같은 테이블을 작성하고, 사용자 ID와 로그인 일시를 기록합니다. 최신 로그인 일시를 알고 싶다면 사용자 ID를 지정하고 로그인 일시가 가장 큰(최신) 것을 취득합니다. 이용자별 로그인 횟수 등의 통계 정보도 취득할 수 있습니다.

데이터베이스 구성을 고려할 때는 어떤 데이터가 필요한지 고려하면서 동시에 어떻게 테이블을 분할하면 좋을지 고려해야 합니다. 적절하게 테이블을 나누는 작업을 정규화(Normalization)라 부르며, 자주 사용되는 정규화 방법으로 제1정규화~제3정규화가 있습니다.

그림 6-6과 같이 정규화되어 있지 않은 테이블이 있다고 가정합니다.

회사 코드	회사 이름	사원 번호	사원 이름	부서 코드	부서 이름	가족 1	가족 2	가족 3
01	A사	0001	xxxx	001	회계과	배우자	장남	차남
01	A사	0002	xxxx	002	사무과	할아버지	할머니	배우자
01	A사	0003	xxxx	001	회계과			
02	B사	0001	xxxx	003	기획과	할머니	배우자	
02	B사	0002	xxxx	003	기획과	배우자	장녀	

그림 6-6 정규화되지 않은 테이블 예

이때 회사 이름은 회사 코드가 결정되면 하나로 결정됩니다. 그리고 회사 코드와 사원 번호가 있으면 사원 이름도 알 수 있습니다. 여기에서는 부서 이름으로 회사에 관계없이 공통 부서 코드를 사용한다고 가정했습니다.

이 테이블에서는 회사 코드 항목과 같은 데이터를 의미하는 회사 이름 항목이 있습니다. 이때 잘못해서 회사 이름을 입력하면, 원래는 같은 데이터임에도 불구하고 데이터 부정합이 발생합니다. 검색 결과로 표시되지 않을 가능성도 있습니다. 또한 가족 정보가 가로로 나열되어 있어, 가족 수를 집계하려면 각 행에서 가족 정보 여부를 확인해야만 합니다. 만약 가족이 2명인 사원을 확인할 경우 '가족 1', '가족 2', '가족 3' 항목 중 하나를 비교해야 합니다.

이 표를 정규화해 봅니다. 먼저 의미가 동일한 데이터 항목을 새로운 테이블로 분리합니다. 이것을 제1정규화라 부릅니다. 예시에서는 '가족' 항목이 반복해서 나타나므로 이를 그림 6-7과 같이 분리해 여러 행으로 표현할 수 있습니다.

회사 코드	회사 이름	사원 번호	사원 이름	부서 코드	부서 이름
01	A사	0001	xxxx	001	회계과
01	A사	0002	xxxx	002	사무과
01	A사	0003	xxxx	001	회계과
02	B사	0001	xxxx	003	기획과
02	B사	0002	xxxx	003	기획과

가족 ID	회사 코드	사원 번호	가족
00001	01	0001	배우자
00002	01	0001	장남
00003	01	0001	차남
00004	01	0002	할아버지
00005	01	0002	할머니
00006	01	0002	배우자
00007	02	0001	할머니
00008	02	0001	배우자
00009	02	0002	배우자
00010	02	0002	장녀

그림 6-7 가족 항목을 분리한 테이블

계속해서 제1정규화를 마친 테이블의 회사 코드와 회사 이름 항목을 생각해 봅니다. 이 테이블에서는 회사 코드와 사원 번호 데이터를 유일하게 결정할 수 있습니다. 한편 회사 이름은 사원 번호에 관계없이 회사 코드만으로 결정됩니다. 이렇게 기본 키 이외의 항목이 기본 키의 일부만으로 결정될 때는 분리합니다. 이것을 제2정규화라 부르며 그림 6-7의 테이블을 정규화하면 그림 6-8과 같이 됩니다.

회사 코드	회사 이름
01	A사
02	B사

회사 코드	사원 번호	사원 이름	부서 코드	부서 이름
01	0001	xxxx	001	회계과
01	0002	xxxx	002	사무과
01	0003	xxxx	001	회계과
02	0001	xxxx	003	기획과
02	0002	xxxx	003	기획과

그림 6-8 회사 항목을 분리한 테이블

제2정규화 이후의 오른쪽 표는 부서 코드가 결정되면 부서 이름이 결정됩니다. 이렇게 항목끼리 의존 관계가 있는 기본 키 이외의 항목도 분리합니다. 이것을 제3정규화라 부르며 정규화하면 그림 6-9와 같이 됩니다.

회사 코드	사원 번호	사원 이름	부서 코드
01	0001	xxxx	001
01	0002	xxxx	002
01	0003	xxxx	001
02	0001	xxxx	003
02	0002	xxxx	003

부서 코드	부서 이름
001	회계과
002	사무과
003	기획과

그림 6-9 부서 항목을 분리한 테이블

이를 통해 장황한 데이터가 사라졌습니다. 회사 이름이 변경되면 회사 테이블을, 부서 이름이 변경되면 부서 테이블을 변경하면 됩니다. 이렇게 테이블의 어느 한 위치를 변경함으로써 데이터를 관리하면 정합성을 확보할 수 있습니다. 가족을 집계하거나, '배우자'가 있는 가족을 검색하는 작업 등도 간단해집니다.

주의할 점으로 테이블에 저장할 데이터의 건수나 변경 빈도 등을 고려해 분할해야 합니다. 정규화에 따라 여러 테이블로 나누면 이후 검색 시 이들을 결합해야 합니다. 만약 변경이 거의 발생하지 않는다면 하나의 테이블에 저장한 데이터를 검색하는 편이 빠르게 처리할 수 있습니다. 이렇게 정규화의 반대 조작을 비정규화라 부르며 검색 응답 속도를 향상시키는 목적으로 많이 실시합니다.

웹 애플리케이션에서 수행하는 비즈니스의 목적에 맞춰 검색 빈도, 업데이트 빈도 등 데이터를 다루는 방법을 고려해 테이블을 설계합니다.

상품 관리

EC 사이트의 예로 돌아가 상품을 데이터베이스에서 관리하는 작업을 생각해 봅니다. 판매할 상품을 관리할 때 필요한 항목이 무엇인지 정리해봅니다.

'상품명'과 '가격'은 어렵지 않게 생각할 수 있을 것입니다. 그 외에도 '소개 문', '발매일', '제조사 이름' 등 상품의 상세 정보가 필요하며 발송해야 하는 상품이라면 '크기'나 '무게'도 필요합니다. 이용자가 판단하기 쉽도록 상품 사진도 필요합니다. 단, 이미지는 데이터베이스에는 저장하기보다는 파일로 저장해 두고, 상품을 표시할 때 해당 파일을 읽습니다. 이미지를 저장하는 경우도 있지만 일반적으로 데이터베이스에는 텍스트 데이터만 저장합니다.

어떤 상품이 등록되어 있는지 확인할 때 상품의 종류가 적으면 상품 이름이나 가격을 저장한 테이블에서 목록을 표시해도 큰 문제가 되지 않습니다. 하지만 상품 종류가 늘어나면 모든 상품의 목록을 표시하는 것은 실용적이지 않습니다. 물론 여러 페이지에 걸쳐 표시하면 확인할 수 있지만 이용자의 입장에서 보면 특정 조건으로 필터링해서 표시하는 편이 좋을 것입니다.

예를 들어 상품 카테고리 등으로 그룹을 나눔으로써 한 번에 표시하는 상품 수를 줄이는 것을 고려할 수 있습니다. 테이블에 그룹 항목을 추가하고 미리 카테고리를 등록해 둡니다.

이때 그림 6-10과 같은 테이블 구성을 생각할 수 있습니다.

상품 ID	카테고리 이름	상품 이름	가격	소개문	상세
1	상품권	Amazon 상품권	10,000	Amazon에서 사용할 수 있는 상품권입니다.	https://~
2	상품권	Apple Gift Card	10,000	Apple에서 사용할 수 있는 상품권입니다.	https://~
3	상품권	Google Play 상품 코드	10,000	Google에서 사용할 수 있는 상품권입니다.	https://~
4	카탈로그 상품권	RINGBELL	50,000	RINGBELL에서 상품을 선택할 수 있는 카탈로그 상품권입니다.	https://~

그림 6-10 **상품을 관리하는 테이블 예**

여기에서도 정규화를 사용할 수 있을 것입니다. 카테고리를 다른 테이블로 준비하고, 상품 테이블에는 카테고리 ID를 등록합니다(그림 6-11). 입력할 때는 카테고리 이름을 입력하기보단 카테고리 목록에서 선택하면 입력 실수를 방지할 수 있습니다.

카테고리 ID	카테고리 이름
0001	상품권
0002	카탈로그 상품권
0003	소셜 상품권
0004	음료 쿠폰

상품 ID	카테고리 ID	상품 이름	가격	소개문	상세
1	0001	Amazon 상품권	10,000	Amazon에서 사용할 수 있는 상품권입니다.	https://~
2	0001	Apple Gift Card	10,000	Apple에서 사용할 수 있는 상품권입니다.	https://~
3	0001	Google Play 상품 코드	10,000	Google에서 사용할 수 있는 상품권입니다.	https://~
4	0002	RINGBELL	50,000	RINGBELL에서 상품을 선택할 수 있는 카탈로그 상품권입니다.	https://~

그림 6-11 **카테고리 분할**

이로써 카테고리를 분할했습니다. 한층 더 계층적인 카테고리를 만들려면 어떻게 하면 될까요? 예를 들어 '책'이라는 카테고리에 '기술서'라는 카테고리를 만들어 관련 데이터를 그 안에 저장한다고 생각해봅니다. '기술서' 안에 '웹 개발'이나 '알고리즘'과 같은 카테고리가 새롭게 추가되는 것도 고려해야 합니다.

이때 카테고리 안에 부모–자식 관계를 가지도록 하는 방법이 있습니다. 예를 들어 그림 6-12와 같이 '부모 카테고리 ID'라는 항목을 추가합니다. 이렇게 하면 부모를 순서대로 방문함으로써 계층적으로 관리할 수 있게 됩니다. 최상위에 도달했을 때 부모의 ID를 0으로 하면 부모 데이터가 더 이상 존재하지 않게 됩니다.

카테고리 ID	카테고리 이름	부모 카테고리 ID
1	책	0
2	기술서	1
3	웹 개발	2
4	알고리즘	2

그림 6–12 **계층적 관리를 위한 테이블**

조금 더 복잡한 예로 판매한 상품 데이터를 관리하는 방법을 생각해봅니다. 구입 테이블에는 '언제', '누가', '무엇을', '얼마나' 구입했는지 기록해야 합니다. 단순하게 생각하면 각각 ID나 개수를 기록하는 방법을 생각할 수 있습니다.

예를 들어 그림 6-13과 같은 표에 구입 데이터를 기록합니다. 이 표에 기록되는 사용자 ID를 보면 누가 구입했는지, 상품 ID를 보면 무엇을 구입했는지 알 수 있습니다. 개수를 기록해두면 얼마나 구입했는지도 알 수 있고, 구입 일시도 기록되어 있습니다.

수주 ID	사용자 ID	상품 ID	개수	구입일시
10001	32087	0003	2	2022-04-01
10002	47309	0019	1	2022-04-02
10003	82911	0040	3	2022-04-02
10004	52019	0004	1	2022-04-03

그림 6–13 **구입 데이터 관리 예**

이 테이블을 다른 테이블과 결합하면 수주 상황을 관리할 수 있을 것입니다. 하지만 이런 테이블을 사용할 경우 나중에 문제가 발생합니다.

예를 들어 1개월이나 1년 후 특정한 기간의 매출을 집계하는 상황을 생각해 봅니다. 상품 ID로부터 상품 금액을 불러와 개수를 곱하면 구입 금액이 계산되고, 그 합계를 구하면 매출 금액을 계산할 수는 있을 것입니다. 하지만 상품 금액은 계속 고정되어 있다고 단정할 수 없습니다. 판매가 저조하거나, 일시적인 행사 등으로 가격을 낮출 수도 있습니다.

상품 테이블에서 금액(단가)을 관리하는 방법으로는 상품 금액의 변화 여부를 고려할 수 없습니다. 일정 기간이 지난 뒤 집계하면 매출 금액과 계산한 금액이 맞지 않게 됩니다. 원래는 구입 시점의 금액으로 매출이 발생했으므로, 매출 금액은 해당 시점에서의 금액으로 계산해야 합니다.

즉, 이용자가 구입한 시점의 단가 데이터를 어딘가에 저장해 둬야 합니다. 상품 테이블에서 한 가지 방법으로 상품 금액을 관리하지 않고, 단가 이력 테이블 등을 작성하고 상품 금액이 변화할 때마다 날짜를 맞춰 기록하는 방법을 생각할 수 있습니다. 금액 변화를 파악하고 싶다면 이런 기록 방법을 사용할 수 있습니다.

단가 이력이 필요하지 않고 상품 판매 시의 단가를 알고 싶을 뿐이라면 위 구입 관리 테이블에 구입 시 단가를 저장하는 방법도 생각할 수 있습니다(그림 6-14).

ID	사용자 ID	상품 ID	개수	단가	구입일시
10001	32087	0003	2	8,000	2022-04-01
10002	47309	0019	1	12,000	2022-04-02
10003	82911	0040	3	3,000	2022-04-02
10004	52019	0004	1	25,000	2022-04-03

그림 6-14 단가를 저장하는 예

이렇게 하면 상품 테이블을 살펴보지 않고도 개수와 단가를 곱해서 금액을 계산할 수 있고, 이를 모두 더하면 매출 금액을 계산할 수 있습니다. 물론 상품 이름이 변경되면 어떤 상품을 판매했는지 알 수 없게 되지만 이 경우 새로운 상품 테이블에 행을 추가해서 문제 없이 운용할 수 있습니다.

사용자 ID로부터 이름을 얻을 때는 사용자 이름이 변경될 가능성을 고려해야 합니다. 회원 정보가 변경되면 구입 시점의 회원 이름과 일치하지 않게 됩니다. 과거로 거슬러 올라가 영수증을 발행하고자 하는 경우도 마찬가지입니다. 일반적으로는 크게 문제가 되지는 않지만 이런 상황도 고려해 회원 이름을 수주 관리 테이블에 저장하는 방법도 있습니다.

다음으로 데이터 삭제에 관해 생각해봅니다. 예를 들어 이용자가 회원 탈퇴를 했을 때, 회원 정보 테이블에서 해당 사용자의 정보를 삭제했다고 가정해 봅니다. 그러면 이 수주 관리 테이블의 사용자 ID에 해당하는 회원 정보가 사라져 누가 상품을 구입했는지 조사할 방법이 없어집니다.

이런 상황에 대응하기 위해서는 논리 삭제라는 방법을 많이 사용합니다. 테이블 안에 '삭제 플래그'라는 항목을 추가하고 일반적인 이용자에게는 '0', 탈퇴한 사용자에게는 '1'을 설정합니다. 이 삭제 플래그 값이 1이면 탈퇴한 사용자이므로 로그인할 수 없도록 제어해서 대응합니다.

마찬가지로 상품 판매가 종료되었을 때를 위해 상품 테이블에 삭제 플래그를 준비하고, 상품이 삭제되면 삭제 플래그를 1로 지정합니다. 그러면 판매 중인 상품에는 표시되지 않으며, 집계할 때는 그 판매 결과를 확인할 수 있습니다.

이처럼 논리 삭제는 편리한 방법이지만 삭제된 데이터가 늘어나면 데이터베이스 처리 속도에 영향을 주기도 합니다. 때문에 불필요한 데이터는 정기적으로 삭제를 검토해야 합니다.

쇼핑 카드에 상품을 넣은 이용자가 결제 혹은 구입하지 않은 데이터는 완전히 삭제해도 문제 없습니다. 쇼핑 카트의 내용을 저장하는 테이블에서 완전히 삭제하는 방법과 같은 삭제 방법을 물리 삭제라 부릅니다. 데이터베이스에서 삭제하므로 원래대로 되돌릴 수는 없습니다.

물론 구입까지 이어지지 않은 조건을 집계하는 등의 이유로 기록으로 남겨둘 수도 있습니다. 이렇게 미래에 데이터를 사용할 방법을 설계 단계에서 생각해 둬야 합니다.

회원 정보를 수주 상황과 연결 짓기 위해 수주 관리 테이블에 회원 정보를 남겨둘 수 있지만, 개인 정보 관리라는 측면에서 문제가 될 가능성도 있습니다. 고객으로부터 개인 정보 삭제를 요청받거나 개인 정보 유출 가능성이 있는 경우 여러 테이블에 개인정보가 흩어져 있으면 관리가 어려워지며, 정규화 관점에서도 바람직하지 않습니다.

테이블 수가 적은 시스템이라도 데이터베이스 구성을 다양한 관점에서 고려해야 함을 알 수 있습니다.

데이터베이스의 구성도 발주 단계에서 결정해둘 필요가 있을까요?

발주하는 측은 데이터베이스의 구성을 고려하지 않으므로 어떤 데이터를 저장할 것인지 정도는 고려해야 합니다.

개인 개발 시에는 어떻게 하는 것이 좋을까요?

나중에 테이블을 정규화하면 프로그램 수정 범위가 커지고 개발 일정 등에 영향을 크게 미치므로, 최초 단계에서 테이블의 건수, 업데이트 및 참조 빈도 등을 어느 정도 가정해두면 좋습니다.

 권장 도서

혼자서 공부하는 데이터베이스 기본(쇼에이샤, 2015)(「おうちで学べるデータベースのきほん」, ミック(著), 木村明治(著), 翔泳社, 2015年, ISBN978-4798135168)

테스트 설계

버그입니까?
지적 받은 뒤에야
알게 되는 테스트 누락

웹 애플리케이션 개발에는 다양한 프로그램 언어가 사용되며, 선정한 웹 프레임워크에 따라 개발 방법이 크게 달라집니다. 하지만 어떤 프로그래밍 언어, 어떤 웹 프레임워크를 사용해 웹 애플리케이션을 개발하는지에 관계없이 올바르게 동작하는지 반드시 확인해야 합니다.

이 책에서는 각 프로그래밍 언어에서의 구현에 관해서는 다루지 않지만, 개발 단계에 필요한 '테스트'에 관해 간단히 설명합니다. 테스트의 종류와 테스트 시 확인해야 할 사항도 알아 둡시다.

테스트와 디버그

개발한 프로그램이 예상대로 동작하는지 확인하는 작업을 테스트라 부릅니다. 입력에 대한 처리에서 올바른 결과를 얻을 수 있는 것은 물론, 문제가 있는 입력이 주어졌을 때 이상 종료되지 않고 이해하기 쉬운 에러 메시지를 출력하는지도 확인합니다.

올바른 결과를 얻었을 때는 문제 없지만 예상과 다른 결과를 얻게 되면 그 원인을 조사하고 프로그램을 수정합니다. 이를 디버그라 부릅니다.

V 모델을 이용한 대응

개발 초기 단계에서 문제를 발견하면 수정하기도 쉽지만, 완성이 가까워졌을 때 판명된 문제가 중요하다면 수정하는 데 막대한 시간이 들고, 납기를 맞추지 못할 가능성이 있습니다. 이런 사태를 피하기 위해 몇몇 개발 단계에서 테스트를 실시합니다. 예를 들어 그림 6-15와 같이 개발 단계를 표현한 것을 V 모델이라 부릅니다.

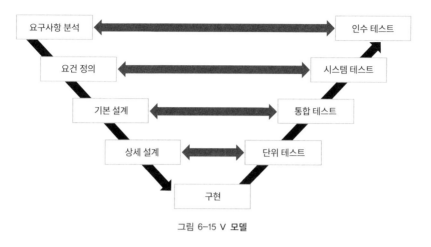

그림 6-15 V 모델

V 모델의 왼쪽에서 오른쪽으로 개발이 진행되며 왼쪽 단계에 대해 오른쪽 단계에서 테스트를 실시하는 것을 의미합니다. 즉, 상세 설계는 단위 테스트, 기본 설계는 통합 테스트, 요건 정의는 시스템 테스트에 각각 대응합니다.

이 V 모델에서 왼쪽 공정을 상류 공정이라 부릅니다. 표 6-2는 상류 공정에서 수행되는 작업입니다.

표 6-2 상류 공정에서 수행되는 작업

개발 단계	기대되는 작업
요구사항 분석 (요구사항 정의)	'이런 것을 하고 싶다'와 같이 이용자가 원하는 사항을 정리한다. 예) '과거에 자신이 구입한 상품을 확인하고 싶다' 등
요건 정의	실제로 구현할 기능에 관해 정리한다. 예) 로그인 기능, 구입 이력 기능 등
기본 설계 (외부 설계)	이용자의 관점에서 어떻게 만들지 생각한다. 예) 화면 이미지, 화면 이동, 출력되는 화면 등
상세 설계 (내부 설계)	개발자의 관점에서 어떻게 만들지 생각한다. 예) 데이터베이스 테이블 설계, 프로그램 구성 등

V 모델에서 오른쪽 공정을 하류 공정이라 부릅니다. 상류 공정에서 책정된 내용에 따라 구현되었는지 확인합니다. 이 흐름에 맞춰 개발을 진행하

는 것을 폭포처럼 한 방향으로 진행되는 모습에 빗대 폭포수 개발(Waterfall Development)이라 부릅니다.

한편 사양 변경에 유연하게 대응하는 애자일(Agile)이라는 사고방식이 주목 받고 있습니다. 애자일은 '민첩하다'는 의미로 짧은 기간에 V 모델과 같은 사이클을 반복함으로써 변경에 의한 영향이 나타날 리스크를 최소한으로 만드는 방법입니다.

짧은 기간에 개발 사이클을 반복하더라도 품질이 낮아져서는 의미가 없습니다. 때문에 테스트를 효율적으로 실시해야 합니다. 이후에는 각 테스트 단계에 관해 설명합니다.

▌단위 테스트

소스 코드 테스트는 작은 단위에서 시작합니다. 대표적인 예가 단위 테스트 (Unit Test)입니다. 하나의 소스 코드에 있는 함수나 절차, 메서드 단위로 테스트를 실시하며, 코드로 작성한 처리의 실행 결과를 확인합니다.

개발 단계에서 테스트 시 자주 사용되는 사고방식으로 '테스트 주도 개발(Test Driven Development)'과 '테스트 퍼스트(Test First)'가 있습니다. 소스 코드를 작성하기 전에 해당 처리에서 기대되는 결과를 기술한 테스트 프로그램을 작성하고, 해당 테스트 프로그램이 모두 정상적인 결과를 반환하도록 소스 코드를 작성합니다. 프로그래밍 언어별로 단위 테스트를 실행할 수 있는 도구가 있습니다. PHPUnit, JUnit과 같은 자동 테스트 도구를 총칭해 xUnit이라 부릅니다. 이런 도구를 사용하면 소스 코드를 수정할 때 사양을 만족하는지 여부를 확인하면서 변경할 수 있습니다.

단위 테스트나 뒤에서 설명할 통합 테스트에서는 동등 분할이나 경계값 분석과 같은 방법을 자주 사용합니다.

같은 출력을 얻는 입력값을 그룹으로 나누고 각 그룹에서 대표적인 값을 이용해 테스트하는 방법을 동등 분할(Equivalence Partitioning)이라 부릅니다. 예를 들어 그림 6-16과 같이 회원 등록 시 메일 주소를 확인하는 화면에 대한 테스트를 생각해봅니다.

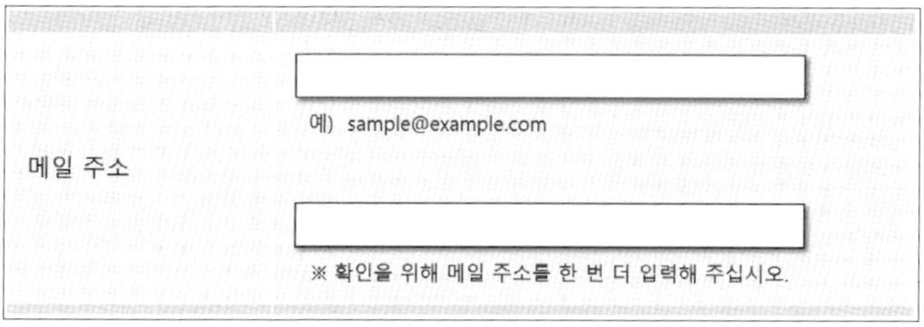

예) sample@example.com

메일 주소

※ 확인을 위해 메일 주소를 한 번 더 입력해 주십시오.

그림 6-16 입력 체크가 필요한 예

이 화면에서의 입력에 대해 얻을 수 있는 결과는 다음 3가지 패턴으로 나눌수 있습니다.

- 메일 주소가 입력되지 않았다.
- 메일 주소가 입력되었지만 일치하지 않는다.
- 메일 주소가 입력되었고 일치한다.

각 상황을 테스트하고, 에러가 발생하면 올바른 에러 메시지가 출력되는지확인합니다.

2번째 칸에 입력된 메일 주소를 전달하고 체크하는 함수가 있다고 가정해봅니다. 이 함수에 대한 단위 테스트를 생각해봅니다. 예를 들어 테스트 대상이다음과 같은 함수였다고 가정합니다.

```
class Email
{
  public function check($email1, $email2)
  {
    if (strlen($email1) == 0) {
      /* 메일 주소가 입력되지 않았을 때(길이가 0) */
      return "NG";
    } else if (strcmp($email1, $email2) == 0) {
      /* 2번째 메일 주소가 일치했을 때 */
      return "OK";
    } else {
      /* 위 조건 이외일 때 */
      return "NG";
    }
  }
}
```

이에 대해 다음과 같은 테스트용 처리를 준비합니다.

```
class EmailTest extends TestCase
{
  /**
   * Email check tets.
   *
   * @return void
   */
  public function testCheck()
  {
    $email - new Email();
    /* 메일 주소가 입력되지 않았을 때 'NG'*/
    $this->assertEquals($email->check("", ""), "NG");
    /* 메일 주소가 입력되었지만 일치하지 않을 때 'NG' */
    $this->assertEquals(
      $email->check("example@example.com", "sample@example.com"),
"NG");
    /* 메일 주소가 입력되었고 일치할 때 'OK' */
    $this->assertEquals(
      $email->check("sample@example.com", "sample@example.com"),
"OK");
  }
}
```

이 테스트 처리를 실행하면 위에서 설명한 패턴이 문제 없이 구현되었는지 확인할 수 있습니다.

다른 한 가지인 경계값 분석(Boundary Value Analysis)은 입력에 따라 출력이 변하는 경계가 되는 값을 이용해 테스트를 합니다. 예를 들어 RFC 사양에 따라 255문자 이상인 메일 주소는 존재하지 않습니다. 메일 주소 사양을 만족하는지 확인하기 위해 0문자, 1문자, 2문자, …와 같이 모든 문자 수에 대해 조사할 수도 있겠지만 그래서는 끝이 없습니다.

규정 문자 이상의 메일 주소를 에러 처리하려면 경계가 되는 값으로 254문자와 255문자의 2가지 경우만 테스트하면 충분합니다.

실제로는 사용 가능한 문자 여부 체크나 @(앳 기호)가 하나만 포함되는지 등 정규 표현을 이용한 체크도 고려할 수 있습니다. 이들 역시 각각 테스트용 처리 코드를 작성하면 테스트 도구를 실행하기만 해도 자동으로 테스트할 수 있습니다.

이런 동등 분할이나 경계값 분석은 블랙 박스 테스트라 부르며 소스 코드의 내용을 모르더라도 테스트할 수 있습니다. 프로그램의 입출력에 착안해, 어떤 데이터 입력에 대해 출력하고자 하는 결과가 일치하는지 확인합니다.

그 밖에도 화이트 박스 테스트라는 테스트 방법이 있습니다. 소스 코드의 내용을 체크해 각 처리 안에서의 명령이나 조건, 분기를 얼마나 망라하는지 확인하는 방법으로, 각 항목을 커버리지(Coverage)라는 지표로 측정합니다(표 6-3).

표 6-3 커버리지 측정 지표

이름	내용	상세
C0	명령 커버리지(instruction coverage)	모든 명령을 실행했는가?
C1	분기 커버리지(branch coverage)	모든 분기를 실행했는가?
C2	조건 커버리지(condition coverage)	모든 조건의 조합을 적어도 1회 실행했는가?

커버리지 100%를 실현하는 것이 이상적일 수도 있겠지만 커버리지를 늘리기 위한 테스트에 그만큼 시간이 많이 소요됩니다. 커버리지가 낮으면 품질도 낮은 사례를 많이 발견할 수 있지만, 커버리지가 100에 가깝더라도 품질에 큰 차이는 없다고 말할 수 있습니다. 일반적으로는 85% 정도면 충분하다고 여겨지며, 그 이상은 비용 대비 효과 측면에서 생각했을 때 장점이 많지 않습니다.

예를 들어 분기 커버리지와 조건 커버리지는 그림 6-17과 같은 차이가 있습니다.

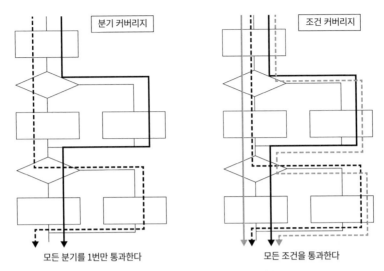

그림 6-17 분기 커버리지와 조건 커버리지

커버리지를 측정하는 도구로 정적 분석 도구가 있습니다. PHP의 경우 PHPStan이나 phan, Psalm 등이 있으며, 자바의 경우 FindBugts나 Checkstyle 등 많은 도구가 공개되어 있습니다.

정적 분석 도구를 사용하면 커버리지 이외에도 소스 코드 줄 수나 순환 복잡도 등과 같은 다양한 지표로부터 소스 코드의 효율성을 판단할 수 있습니다. 정적 분석 기능을 제공하는 IDE(통합 개발 환경)도 있으므로 시험해보기 바랍니다.

통합 테스트와 시스템 테스트

웹 애플리케이션의 규모가 어느 정도 이상이 되면 하나의 소스 코드만으로 동작하는 경우는 거의 없습니다. 즉, 여러 소스 코드를 조합해서 하나의 화면을 구성합니다. 그러면 각 처리는 문제 없이 동작하더라도 한 소스 코드로부터 다른 소스 코드를 호출할 때 인터페이스가 일치하지 않는 등의 원인으로 문제가 발생할 수 있습니다.

그렇기에 단위 테스트를 마친 소스 코드를 결합해서 테스트를 실시하는 통합 테스트(Integration Test)를 실시합니다. 화면에 입력한 정보가 올바르게 저장되어 결과 화면이 문제 없이 표시되는지 여부와 같은 웹 애플리케이션의 동작을 확인하고자 테스트 데이터를 입력해서 확인합니다.

일반적으로 통합 테스트는 개발 환경이나 검증 환경에서 실행되므로 실제로 이용자가 사용하게 되는 프로덕션 환경과는 다릅니다. 이용자와 같은 환경에서의 동작을 확인하기 위해 프로덕션에 프로그램이나 데이터를 준비해 시스템 전체의 테스트를 실시하는 작업을 시스템 테스트(System Test)라 부릅니다.

시스템 테스트에서는 설계 단계에서 예상한 기능을 올바르게 처리할 수 있는지, 예상한 시간 안에 처리할 수 있는지, 부하나 보안상의 문제는 없는지 등의 관점에서 확인합니다. 즉 기능 요구사항뿐 아니라 비기능 요구사항에 관해서도 요건 정의 내용을 만족하는지 확인합니다.

웹 애플리케이션 시스템 테스트의 예로 '돌아가기' 버튼의 동작 여부 확인을 들 수 있습니다. 이용자는 웹 브라우저가 제공하는 '뒤로' 버튼뿐 아니라 웹 애플리케이션에서 제공하는 버튼을 클릭해서 돌아갈 수도 있습니다. 웹 브라우저의 돌아가기 버튼은 편리하지만 세세한 시스템 제어를 할 수 없습니다. 폼에 입력했던 내용이 돌아가기 버튼을 눌러 사라져 버리는 경험을 해본 사람이 많을 것입니다. 또는 게시판 서비스에서 돌아가기 버튼을 눌렀다가 다음 버튼을 클릭하면 글이 중복 게시되는 경우도 있습니다. 이런 이용자의 동작에 대해 적절하게 동작하는지 확인합니다.

웹 애플리케이션에서 버튼을 준비하면 돌아가기 조작을 해도 폼에 재입력할 필요가 없는 등의 세세한 제어를 할 수 있습니다. 단, 어떤 화면에서 와서 어디로 돌아가는지 파악해야 합니다. 그리고 이전 페이지에서 스크롤한 위치에서 링크를 클릭해서 이동한 경우, 이전 페이지로 돌아갔을 때 스크롤 위치를 복원하는 구현 등이 매우 복잡합니다. 페이지 이동 상태가 복잡해지는 상황을 막기 위해 다른 윈도나 탭을 열도록 구현하고, 돌아가고 싶다면 창을 닫도록 하는 방법도 고려할 수 있습니다.

그 밖에 쇼핑 카드의 경우 구입 검토를 위해 여러 창을 열어 이용하는 경우를 가정해, 여러 창에서 처리되더라도 올바르게 동작하는지 확인하는 작업 등도 필요합니다.

이런 시스템 테스트가 개발 측의 최종 테스트가 되고, 여기에서 문제가 없다면 발주자(이용자)에게 인계합니다.

웹 브라우저의 돌아가기 버튼은 세세한 제어를 할 수 없다

인수 테스트

개발자 측의 테스트를 완료했다면 이제 발주자 측에서 기존 요구를 만족하는지 확인합니다. 발주자 측에서 실시하는 테스트를 인수 테스트(User Acceptance Test)라 부르며, 요구사항 분석 단계에서 정리한 처리가 구현되었는지 확인합니다.

여기에서 문제가 없다면 검수를 하게 됩니다. 일반적으로 개발을 종료한 시스템을 발주 측에 전달하는 것을 납품이라 부르며 개발자 측 관점에서 사용합니다. 한편 검수는 납품된 내용에 문제가 없는 것을 확인하고 수령하는 작업을 의미하며 발주 측의 관점에서 사용합니다.

검수를 받고 대금이 지불되면 개발은 종료됩니다. 검수 후 문제가 있음을 알게 된 경우 하자 보증 기간 이내라면 일반적으로 무료로 수정하지만, 하자 보증 기간 이후에는 유료로 대응하게 됩니다. 하자 보증 기간은 일반적으로 1년 정도로 계약합니다.

그리고 자사의 사내 시스템, 자신만 사용하는 시스템, 운용이나 유지 보수를 포함해 업무를 위탁하는(위탁받는) 시스템에서는 납품이나 검수와 같은 작업에 명확하게 정해진 시점이 없으며, 완료한 시점에 순차적으로 사용을 시작하기도 합니다.

테스트 진행 상황은 어떻게 관리하는 것이 좋을까요?

일반적으로는 테스트 관리표나 과제 관리표 등의 표 형식으로 상태를 관리하는 방법을 많이 사용합니다.

엑셀 등의 표 계산 소프트를 사용해도 괜찮을까요?

개인 개발 등 소규모 개발에서는 표 계산 소프트웨어로도 충분합니다. 규모가 커지면 BTS(Bug Tracking System) 등을 도입하는 것을 검토합니다.

 권장 도서

테스트 주도 개발(인사이트, 2014)(「テスト駆動開発」, Kent Beck(著), 和田卓人(翻訳), オーム社, 2017年, ISBN978-4274217883)

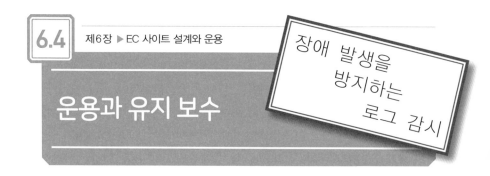

운용과 유지 보수

장애 발생을 방지하는 로그 감시

감시

이용자가 적을 때는 웹 애플리케이션 접근 시 문제가 발생하는 일이 적을 것입니다. 이용자가 점점 증가하면 갑자기 어떠한 문제가 발생할 가능성이 있고, 이미 특정한 에러 메시지가 발생했을지도 모릅니다.

문제를 미연에 방지하면서 문제 발생 시 빠르게 대응하기 위해 필요한 작업은 '5.2 로그' 절에서 다루었던 감시(Monitoring)입니다. 감시는 크게 2가지로 나눌 수 있습니다.

한 가지는 이상 감시입니다. 서버 다운이나 높은 부하, 처리 지연, 외부로부터의 공격 등 무언가 이상이 발생했을 때 관리자에게 알리는 구조로, 메일이나 전화(음성) 외에도 챗 도구로 자동 메시지를 보내거나, 감시실의 램프를 점등하는 구조 등을 많이 사용합니다. 운용 담당자는 컴퓨터의 알림을 기다린다는 점에서 수동적인 입장이라 할 수 있습니다.

다른 한 가지는 정상 감시입니다. 문제가 발생하지 않는 상황에도 정기적으로 접근 부하 여부나 로그 등을 확인합니다. 평소의 상황을 파악함으로써 이상으로 이어질 수 있는 변화를 발견합니다. 단, 정상적인 상태라면 컴퓨터로부터 알림이 발생하지 않기 때문에 운용 담당자가 능동적으로 확인해야 합니다.

웹 서버의 이상 감시는 임대 서버를 사용하는 경우라면 임대 서버의 사업자에게 맡기게 됩니다. 하지만 웹 애플리케이션에서 발생하는 에러는 운용 담당자에게 알리는 구조를 구축해 둬야 하며, 이용에 영향을 미치는 에러라면 빠르게 대응해야 합니다.

몇 가지 이상 감시 방법에 관해 설명합니다. 서버 다운을 감지하는 방법으로, 정기적으로 서버와 통신하면서 응답이 돌아오지 않으면 다운되었다고 판단하는 방법이 있습니다. 높은 부하 혹은 처리가 지연되는 경우에는 일정한 임곗값을 설정하고, 해당 값을 넘으면 알림을 발생하는 방법을 이용합니다. 외부로부터의 공격을 판단하기 위해서는 평소와 다른 통신이 대량으로 발생한 경우 등을 조사합니다.

정상 감시에서는 CPU의 부하나 메모리 사용량 등을 그래프로 보면서 그 경향을 파악합니다. 그리고 출력되는 로그의 내용을 보고 정상적이지 않은 내용이 포함되어 있지 않은지 확인하는 작업도 있습니다.

감시에 사용하는 도구에는 Datadog, Zabbix, Amazon CloudWatch, Mackerel 등이 있습니다. 감시할 대상이나 운용 난이도, 제공하는 기능 등을 고려해 자사에 적합한 툴을 선택합니다.

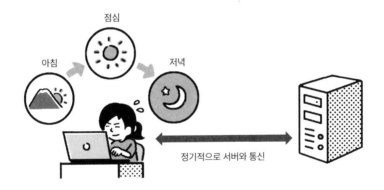

장애 대응

웹 서버에 장애가 발생하는 원인은 다양합니다. 예를 들어 미디어나 SNS에서 화제가 되면서 단기간에 접근이 집중되어 웹 사이트에 연결하기 어려워질 수 있습니다. 접근 수가 떨어질 때까지 기다리면 문제가 해소될지 모르지만, 빈번하게 발생한다면 서버의 성능이 부족한 것이 원인일 수 있습니다.

하드웨어 장애도 있습니다. 하드 디스크가 고장 날 가능성이나 벼락 등 자연재해에 의한 정전도 생각할 수 있습니다. 이런 장애에 대해서는 다중화나 부하 분산과 같은 대책을 수립할 수 있습니다.

여러 서버를 준비해두면 장애가 발생하더라도 다른 서버로 전환함으로써 서비스를 지속할 수 있으며 이를 다중화라 부릅니다. 서버 기기뿐 아니라 전원, 네트워크, 주변 기기 등도 다중화할 수 있습니다. 평소에는 사용하지 않기에 유지하는 비용이 낭비되는 듯 보이지만, 장애 발생 시 빠르게 복구할 수 있는 장점이 있습니다.

용량 부족도 웹 서버에 장애가 발생하는 원인이 되기도 합니다. 파일이 많이 업로드되거나, 막대한 로그가 출력되는 등의 이유로 인해 하드 디스크 용량이 부족해질 수 있습니다.

장애 발생뿐 아니라 평소부터 접근을 분산시켜 둠으로써, 접근이 급격하게 늘어났을 때도 안정적으로 기동할 수 있도록 설정하는 것이 부하 분산입니다. '3.3 웹 애플리케이션 배포'에서도 소개했듯 여러 웹 서버를 준비하고, 웹 서버로의 접근을 자동적으로 나누는 로드 밸런서(부하 분산 장치)를 사용합니다. 클라우드 환경에서는 IaaS로 웹 사이트를 구성해두면 서버 부하 여부에 따라 자동적으로 서버 수를 증감하는 오토 스케일 기능도 활용할 수 있습니다.

추가 개발

웹 애플리케이션을 공개한 뒤 경쟁 서비스보다 편리한 기능을 추가하거나 오류를 수정하고 싶다고 생각할 수 있습니다. 기능 추가나 오류 수정은 개인 개발의 경우에는 직접 추가하지만, 외부 기업 혹은 엔지니어와 웹 애플리케이션을 공동 개발한 경우에는 추가 비용이 발생합니다.

추가 개발은 일반적으로는 시스템 개발사에 의뢰하게 됩니다. 납품 시 소스코드나 자료가 제공된다면 의뢰 대상을 바꿀 수도 있지만, 해당 시스템을 개발했을 때의 노하우나 상세한 설계까지는 알지 못하는 경우가 많기 때문에 비용이 높아질 수 있습니다. 그리고 다른 개발자가 소스 코드를 수정해버리면, 개발사에서 그 영향 범위를 파악하기가 어려워지기 때문에 그 뒤의 유지보수를 거절하는 경우도 있을 것입니다.

앞선 설명에서도 알 수 있듯 웹 개발자는 유지보수 및 운용을 고려한 시스템 설계를 의식해야 합니다. 특수한 기술을 가진 전문가에게 의뢰해 토대부터 시스템을 개발하는 스크래치 개발이라는 방법을 선택할 수도 있습니다. 기존 기술에 의존하지 않기 때문에 시스템을 유연하게 개발할 수 있지만 그런 기술을 가진 사람이 많지는 않습니다. 인사 이동이나 이직, 계약 시간 종료 등으로 당초의 개발자가 사라진 뒤, 유지보수를 이어서 할 수 있는 사람이 있는지가 문제가 됩니다.

한편 일반적으로 사용되는 웹 프레임워크나 CMS 등을 사용하면 유연한 시스템 개발은 힘들 수 있겠지만, 개발 멤버가 바뀌어도 어느 정도 긴 기간에 걸쳐 인재를 확보할 수 있고 학습 비용이 적게 든다는 장점이 있습니다.

웹 애플리케이션 개발 시에는 기능 추가나 수정 작업을 피할 수는 없으므로 이 점을 늘 유의하면서 설계 및 기술을 선정해야 합니다. 타사에 개발을 의뢰할 때는 당초의 개발 비용만을 고려하는 것이 아닌 미래에 발생할 추가, 수정, 운용과 같은 부분도 고려해야 합니다.

버전 업데이트 대응

Windows Update나 소프트웨어 업데이트에서는 취약성 수정뿐 아니라 기능 추가 작업도 이루어집니다. 지원 기간 동안에는 무료로 이용할 수 있으며 새로운 기능을 시험하는 사람도 많을 것입니다.

웹 애플리케이션 개발도 이와 같다고 말할 수 있습니다. 프로그래밍 언어나 웹 프레임워크의 버전 업데이트에 따라 새롭고 편리한 기능을 손쉽게 구현할 수 있습니다.

이렇게 버전 업데이트에 의한 장점이 있는 한편, 기존 기능의 지원 종료에 따른 문제가 늘어나고 있습니다. 예를 들어 프로그래밍 언어의 버전 업데이트에 의해 웹 애플리케이션이 동작하지 않게 되거나, 웹 프레임워크의 버전 업데이트에 의해 형태가 크게 달라지기도 합니다.

웹 애플리케이션에 기능을 추가 및 수정하지 않았음에도 프로그래밍 언어 지원 종료나 웹 프레임워크의 버전 업데이트에 의해 개발자가 이에 대한 대응이 불가능해질 수 있습니다. 단순한 취약성 수정이라면 웹 애플리케이션의 동작에 영향을 거의 주지 않지만, 그 이외의 버전 업데이트는 지원 기간 중에 미리 테스트를 실시해 결과를 확인하고, 공식 문서를 사전에 확인하는 등의 방법으로 대응해야 합니다.

클라우드나 임대 서버 등을 사용하는 경우 사업자 측의 판단에 따라 자동으로 버전 업데이트를 실시하기도 하며 새로운 버전을 따르지 않는 웹 애플리케이션을 갑자기 사용하지 못하게 될 가능성이 있습니다. 버전 업데이트에 따른 장점은 무시할 수 없지만, 유지 보수 난이도는 갈수록 높아지는 경향이 있습니다.

개발과 유지 보수는 서로 다른 사람이 담당하는 경우가 많은가요?

개발 규모가 커지면 개발 이후 운용이나 유지 보수는 다른 담당자에게 인계하는 일도 많습니다.

개인 개발 시에는 양쪽을 어떻게 진행하는 것이 좋을까요?

본인이 운용도 담당하므로 한정된 시간 안에 수행하도록 노력합니다.

 권장 도서

운용 설계 교과서 ~현장에서 어렵지 않은 IT 서비스 관리 실천 노하우~(기술평론사, 2019)
(「運用設計の教科書 ~現場で困らないITサービスマネジメントの実践ノウハウ」, 日本ビジネスシステムズ株式会社(著), 近藤誠司(著), 技術評論社, 2019年, ISBN978-4297107932)

7

EC 사이트 제작에
필요한 지식

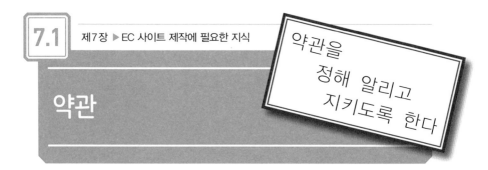

약관

약관을 정해 알리고 지키도록 한다

웹 애플리케이션을 공개할 때는 그 프로그램을 사용자 입장에서도 쉽게 알 수 있도록 매뉴얼이나 문서를 작성 및 정비합니다. 여기에서는 개인 정보 보호, 이용 약관, 보안 정책과 같은 문서를 준비할 필요성에 관해 소개합니다.

개인 정보 보호 정책

웹 애플리케이션이나 웹 사이트 등에서 이용자의 개인 정보를 수집하는 경우에는 해당 정보를 적절하게 관리, 운용하는 체제를 구축합니다. 이때 개인 정보 보호에 관한 사고방식을 정한 것을 개인 정보 보호 정책(Privacy Policy)이라 부릅니다. 개인 개발인 경우에도 웹 애플리케이션을 이용하기 위해 개인 정보를 수집해야 한다면 개인 정보 정책을 작성 및 공개해야 합니다.

개인 정보 보호 정책에는 개인 정보를 수집함에 있어 이용 목적이나 관리 체제 등을 기재하고, 내용에 관해 이용자 본인이 동의해야 합니다. 수집한 개인 정보를 다룰 때는 이 개인 정보 정책에 위반되지 않는지 확인하고, 정해진 범위 안에서 이용합니다. 이용자로부터 개인에 관한 데이터의 제시나 삭제를 요청받았을 때의 절차를 결정하고, 이용자에게 공개해야 합니다.

이런 개인 정보 보호 정책을 작성할 때는 먼저 저장하는 데이터의 종류와 수집하는 방법에 관한 관점에서 데이터를 도출해야 합니다. 예를 들어 웹 사이트에서 회원 등록을 할 때 이용자가 정보를 입력하거나, 직원 채용 시 응모자의 정보를 관리하는 등 각 상황별로 데이터를 도출합니다. 각 상황에서 개인 정보의 이용 목적을 정하고 해당 범위에서 사용해야 합니다.

그리고 이용 목적을 상대방에게 전달해야 합니다. 웹 애플리케이션이라면 기업 웹 사이트 등에 이용 목적을 공개합니다. 웹상에서 설문을 실시하거나, 접근 로그를 취득할 때도 '이용자 정보 수집'이나 '통계 데이터 작성'과 같은 항목이 필요합니다. 제시한 이용 목적 범위 내에서 이용하도록 주의해야 합니다.

취득한 데이터를 자사에서만 사용하지 않고 업무 위탁 회사에 제공하거나, 그룹 회사나 계열사 등 다른 회사에서 사용할 때는 '제삼자 제공'에 관해서도 고려해야 합니다. 개인 정보 보호법에서는 '사전에 본인의 동의를 받지 않고 개인 데이터를 제삼자에게 제공해서는 안 된다'고 규정하고 있습니다. 취득한 개인 정보를 제삼자에게 제공하는 상황을 사전에 가정하고 있다면 개인 정보 보호 정책에 그 이용 목적에 관해 명시해 둬야 합니다.[1]

보안 정책

기업이 다루는 정보에는 고객 정보나 설계서, 회계 정보와 같은 데이터는 물론 물리적인 컴퓨터나 각종 소프트웨어, 통신 서비스 등도 있습니다. 그리고 직원이 가진 노하우와 같이 사람의 머릿속에 있는 지식, 외부로부터 본 조직의 평판과 같은 무형 자산도 있습니다. 이들을 합쳐 정보 자산이라 부릅니다. 그리고 이 정보 자산에 악영향을 미칠 수 있는 원인이나 요인을 위협, 그 가능성의 여부(발생 확률)를 리스크라 부릅니다.

보안에 관한 사고방식이나 실시해야 할 대책은 기업 규모나 업종, 다루는 정보에 따라 다릅니다. 먼저 각 상황에 따라 리스크를 분석하는 작업부터 시작합니다. 지켜야 할 정보 자산에 대해 발생할 가능성이 있는 위협 여부를 정리하고, 위협 발생 확률이나 위협 발생 시 영향도 등을 평가해 리스크를 분석합니다.

예를 들어 기업이 가진 모든 정보 자산이 비밀은 아니며, 홈페이지나 결산 발표와 같이 공개된 정보도 있습니다. 그리고 비밀 정보라 하더라도 사내에서

---

1 (옮긴이) 대한민국 법령, 개인정보보호법 https://www.law.go.kr/법령/개인정보%20보호법

사용되는 시스템의 작업 순서나 사내 게시판 정보 등은 그렇게 중요도가 높지 않을 수 있습니다. 한편 고객 정보나 상품 설계서 등의 정보는 극비 정보로 다루어야 합니다.

이 리스크를 정리한 뒤 기업 규모나 다루는 정보에 대한 정보 보안 정책을 정하기를 권장합니다. 일반적으로 정보 보안 정책은 기본 방침, 대책 기준, 실시 순서의 3가지로 구성됩니다(그림 7-1과 같이 기본 방침과 대책 기준만을 가리키기도 합니다). 이 내용을 문서로 정해두면 조직에 소속된 모든 사람이 통일된 정책을 확인할 수 있으며, 같은 인식으로 대책을 실시할 수 있게 됩니다.

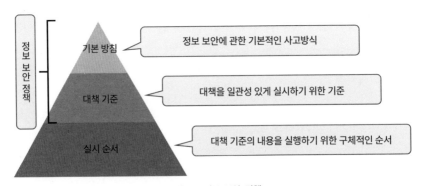

그림 7-1 **정보 보안 정책**

정보 보안 정책은 한 번 책정해서 끝나는 것이 아니고 시대의 흐름에 따라 수정해야 합니다. 정보 보안 정책의 책정에 관해서는 다음 자료들을 템플릿으로 활용할 수 있습니다.[2]

- '중소 기업의 정보 보안 대책 가이드라인'(독립 행정 법인 정보 처리 추진 기구)
  - 정보 보안 기본 방침과 정보 보안 대책 기준이 규정된 샘플을 제공한다.
- '정보 보안 정책 샘플'(특정 비영리 활동 법인 일본 네트워크 보안 협회)
- '지방 공공 단체의 정보 보호 정책에 관한 가이드라인'(총무성)

---

2 (옮긴이) 대한민국 사이버 보안센터 관련 법령 https://www.ncsc.go.kr:4018/PageLink. do

위 가이드라인 중에서 조직 규모나 업종이 비슷한 내용을 선택한 후, 자신의 기업이나 개발한 웹 애플리케이션의 특성을 고려해 일부를 수정해서 정책을 작성합니다.

이용 약관

웹 애플리케이션을 공개함에 있어 해당 애플리케이션을 이용할 때의 규칙을 결정합니다. 이것을 이용 약관이라 부릅니다. 이용자는 정해진 이용 약관에 따라 해당 웹 애플리케이션을 이용해야만 합니다. 이용자가 해당 이용 약관을 위반한 경우, 계정 정지나 손해 배상 청구 같은 조치를 실시합니다.

웹 애플리케이션 개발에서는 다른 웹 사이트의 콘텐츠를 프로그램으로 취득하는(스크레이핑) 경우도 있습니다. 그때 취득하는 대상 웹 사이트의 이용 약관을 확인해야 합니다. 이용 약관을 무시하고 과도한 부하를 걸면, 경고를 받거나 손해 배상을 청구받을 수도 있습니다.

반대로 웹 애플리케이션 제공자의 입장에서는 적절한 이용 약관을 작성하고 명시해야만 합니다. 이용 약관은 이용자와의 약속에 해당하는 문서이므로 소비자 계약법[3] 등의 법률을 이해한 뒤 결정해야 합니다.

일반적으로 웹 애플리케이션 이용 약관은 회원 등록 시 동의를 요청합니다. 회원 등록 폼에 '이용 약관에 동의한다'는 체크 박스를 제공하고, 체크하지 않으면 등록할 수 없는 경우가 많습니다. '알지 못했다'는 문제를 방지하기 위해 이용 약관을 마지막까지 스크롤해야만 등록 버튼을 활성화하는 시스템도 있습니다.

이용자가 회원 등록을 하지 않고도 해당 웹 사이트에서 제공하는 콘텐츠에 접근해 이용한 시점에서 이용 약관의 일부에 동의한 것으로 간주하기도 합니다. 그리고 이용 약관에 동의한 뒤 약관의 내용이 변경되기도 합니다.

이용자에게 유리한 변경이라면 동의 없이 변경되는 경우도 있습니다. 예를 들어 이용 요금을 인하하거나, 같은 요금으로 이용할 수 있는 사용량이 증가

---

3 (옮긴이) 대한민국의 소비자 기본법, 소비자 보호법 등이 이에 해당한다.

하는 등의 변경입니다. 반대로 이용자에게 불리한 변경이라도 일반적으로 인정되는 범위라면 동의를 구할 필요는 없습니다. 예를 들어 이용자의 스팸에 해당하는 행위를 금지하는 약관을 추가하는 것은 많은 사람이 납득할 수 있을 것입니다.

명확하게 이용자에게 불리한 변경(이용 요금 증가나 서비스 종료 등)은 사전에 이용자에게 동의를 얻고, 이용자에게 알려야 합니다. 동의 여부에 관계없이 이용 약관을 변경했을 때는 해당 변경점과 변경 이력을 알 수 있도록 해야 합니다.

일반적인 웹 애플리케이션 제공자로서 이용 약관에 기재해야 할 사항으로 면책 사항과 금지 행위를 들 수 있습니다.

면책 사항은 제공자가 져야 할 책임을 회피하기 위해 제시합니다. 예를 들어 어떠한 문제로 서비스가 정지함에 따라 이용자에게 손해를 끼치더라도, 서비스 제공자로서 책임을 지지 않는 것을 기재합니다.

금지 사항은 이용자가 수행해서는 안 되는 행위를 말합니다. 만약 금지 사항에 해당할 수 있는 행위가 발생했을 때의 대응에 관해서도 기재합니다.

게시판과 같이 이용자가 내용을 게시할 수 있는 웹 애플리케이션이라면 저작권에 관해서도 명시해 두기를 권장합니다. 이용자가 게시한 내용에 포함된 저작권이 누구에게 소속되는지, 또는 해당 내용을 서비스 제공자가 이용할 수 있는지와 같은 내용을 정해둬야 합니다.

다양한 서비스나 소프트웨어를 도입할 때 지금까지는 거의 이용 약관을 읽지 않았었네요.

이용 약관에 위반하는 행위를 할 경우 계정이 정지될 가능성이 있고, 손해 배상을 청구당할 수도 있으니 주의해야 합니다.

서비스를 제공할 때 작성한 이용 약관에 문제가 없는지 어떻게 확인할 수 있을까요?

기업이라면 변호사에게 상담해서 확인하는 것이 좋습니다. 개인이라면 관련 지식이 풍부한 사람과 의논하며 검토할 수 있습니다.

 권장 도서

[개정 신간] 좋은 웹 서비스를 지탱하는 '이용 약관' 작성 방법(기술평론사, 2019)(『改訂新版』良いウェブサービスを支える「利用規約」の作り方」, 雨宮美季(著), 片岡玄一(著), 橋詰卓司(著), 技術評論社, 2019年, ISBN978-4297103262)

빠져나갈 길을 찾기 전에 먼저 지킨다

법률

웹 애플리케이션 개발에는 자격이나 면허가 필요하지 않고, 프로그래밍을 할 수 있다면 누구나 인터넷에 공개할 수 있습니다. 하지만 해당 서비스를 통해 무언가를 판매할 때는 지켜야 할 법률이 있습니다. 몰랐다는 말로는 해결되지 않는 것이 법률이며 위반했을 경우 벌금 등을 내야만 합니다. 여기에서는 EC 사이트를 제작할 때 최소한으로 알아 둬야 할 법률에 관해 소개합니다.[1]

특정 상거래법

콘텐츠나 물품 등의 상품을 판매하거나 경매와 같은 형태로 서비스를 제공하는 웹 애플리케이션을 개발했다고 가정합니다. 이때 반드시 알아 둬야 할 것이 **특정 상거래법(特定商取引法)**입니다.[2] 이용자가 매장에 방문하는 것이 아닌 통신 판매나 방문 판매 등으로 상품을 판매하는 경우, 질이 나쁜 업자로부터 소비자를 보호하기 위한 법률입니다. 웹 애플리케이션에서 상품을 판매하는 것은 통신 판매에 해당하므로 이 법률이 적용됩니다. 경매 사이트에 개인이 필요하지 않은 물품을 출품하는 정도는 해당하지 않지만, 영리를 목적으로 계속해서 판매할 때는 개인이라 하더라도 이 법류에 따른 규제의 대상이 됩니다.

---

1 (옮긴이) 이번 절의 본문에서 설명하는 법령은 모두 일본의 국내 법령입니다. 유사한 대한민국의 국내 법령은 주석 등을 통해 소개합니다.

2 (옮긴이) 대한민국 법령, 전자상거래법 https://www.ftc.go.kr/www/FtcRelLawUList.do?key=290&law_div_cd=07

소비자 문의처를 명확하게 나타내고자 특정 상거래법의 대상이 되는 서비스에서는 사업자(서비스 제공자)의 이름이나 주소, 전화번호 등의 정보 명시를 의무화하고 있습니다. 방문 판매에는 쿨링 오프(Cooling Off)라는 제도가 있어 상품 계약에 관련된 서류를 받은 뒤 일정 기간 안에 무조건 해약을 할 수 있도록 해야 합니다. 통신 판매에서는 쿨링 오프 규정은 없지만 반품 방법에 관해 명시하는 것을 권장합니다.

또한 통신 판매에서 과거 구입자에 대해 판매 촉진을 목적으로 하는 전체 메일 광고를 보내고 싶은 경우, 동의하지 않은 구입자에게는 물론 구입자가 송신을 거부하는 의사표시를 했다면 전자 메일 광고를 보내서는 안 됩니다. 웹 개발자나 제공자는 전자 메일 광고 송신을 중지하기 위한 링크나 메일 주소 등의 연락처를 명시해야 합니다.

경품 표시법

웹 애플리케이션에서 상품을 구입할 때는 실물 정보를 사진으로만 확인할 수 있습니다. 이때 실제보다 좋게 보이도록 사진을 가공하면 소비자에게 불이익이 될 가능성이 있습니다. 그리고 일부 지역에서만 배송료가 무료임에도 '무료 배송'이라고 크게 표시되어 있으면 이용자가 착각하고 구입을 할 수도 있습니다.

이런 부당한 표시로부터 소비자를 보호하기 위해 제정된 것이 경품 표시법(景品表示法)입니다.[3] 현재 상황을 반영해 과대한 경품의 제공을 방지할 수 있는 제한을 설정할 뿐만 아니라, 허위 및 과대 표시로 소비자를 속일 수 있는 내용의 기재를 금지하는 법률이기도 합니다.

예를 들어 유사 상품과 비교 결과를 표시할 때 타사의 할인 정보를 제외하고 자시의 상품이 가장 싸게 보이도록 하거나, 기능에 관해 정확한 지표로 비교하지 않는 등의 표시는 부당 표시에 해당할 수 있습니다.

---

3 (옮긴이) 대한민국 행정 규칙, 전자상거래 등에서의 상품 등의 정보제공에 관한 고시
https://www.law.go.kr/행정규칙/전자상거래등에서의상품등의정보제공에관한고시

그리고 '기간 한정 세일'과 같이 가격을 표시하고 있지만 이러한 캠페인을 항상 실시하고 있어 일반 가격이 의미가 없는 것 또한 부당 표시에 해당할 수 있습니다.

고물 영업법

경매 사이트, 중고품 판매, 임대 등의 서비스를 운용할 때는 고물 영업법(古物營業法)에 주의해야 합니다.[4] 예를 들어 중고 책을 판매하거나, 경매로 구입한 상품을 사용해 임대하는 서비스를 제공하는 사이트 등이 이에 해당합니다.

이런 서비스를 수행할 때는 고물 영업법에 따라 허가를 얻어야 합니다(직접 사용했던 물품을 경매 사이트 등에 출품하는 정도라면 허가가 필요하지 않습니다). 법인/개인에 관계없이 관할 지역의 경찰서에 신청하고 공안 위원회로부터 고물상 허가증을 교부받습니다.

---

4 (옮긴이) 대한민국 법령, 고물영업법(현재 폐지) https://www.law.go.kr/법령/고물영업법/(00764,19611101)

신청 후 허가증을 교부받기까지 주말과 공휴일을 제외하고 40일 정도가 소요됩니다. 시간이 조금 더 소요되는 경우도 있으므로 가능한 빠르게 신청하는 것을 권장합니다. 그리고 서비스 안에서 다룰 예정 품목을 정해둡니다. 전자 티켓과 같이 형태가 없는 것이나 소비하면 사라지는 식료품 등은 고물 영업법의 대상이 되지 않습니다.

고물 영업법에서는 범죄 방지를 위한 3개의 의무가 부여됩니다. 거래 상대 확인 의무, 부정품 신고 의무, 기장 의무입니다. 예를 들어 거래 상대를 사전에 확인하는 의무가 있기 때문에 관리자가 파악하지 않은 상태에서 이용자 사이에 익명으로 중고품을 판매할 수 있는 서비스 등은 만들 수 없습니다.

▌식품 위생법, 주세법

EC 사이트에서 식품을 판매하기 위해서는 식품 위생 책임자 자격과 식품 위생법(食品衛生法)[5]에 기반한 영업 허가가 있어야 합니다. 식품 위생 책임자는 6시간 정도의 교육을 받으면 취득할 수 있고, 영양사나 조리사 등의 자격이 있으면 교육을 면제받을 수 있습니다.

주류를 판매하기 위해서는 주세법(酒税法)[6]에 따라 관할 세무서장으로부터 면허를 발급받아야 합니다. 어떤 방법으로 누구에게 판매하는지에 따라 필요한 면허가 다릅니다.

EC 사이트에서 판매하려면 '주류 소매업 면허'가 필요합니다. 이 주류 소매업 면허에는 음식점 등에서 필요한 '일반 주류 소매업 면허'와 일시적인 이벤트에 필요한 '기한부 주류 소매업 면허'가 있습니다. EC 사이트에서는 '통신 판매 주류 소매업 면허'가 해당됩니다. 해당 면허는 서류를 준비해 세무서에 제출하고, 심사 뒤에 등록 면허세를 납부한 뒤 취득할 수 있습니다.

---

5 (옮긴이) 대한민국 법령, 식품위생법 https://www.law.go.kr/법령/식품위생법
6 (옮긴이) 대한민국 법령, 주세법 http://www.law.go.kr/법령/주세법

이렇게 많은 법률이 있었네요.

여기에서 소개한 법률 이외에도 의약품을 판매할 때는 약사법이나 약제사법 등 판매하는 상품 등에 따른 관련 법률이 있습니다. 자세한 내용은 실제 법률을 확인해보기 바랍니다.

 권장 도서

전직 법제국 관리자에게 배우는 법률을 읽는 기술/배우는 기술[개정 3판](다이아몬드사, 2016)(「元法制局キャリアが教える 法律を読む技術・学ぶ技術[改訂第3版]」, 吉田利宏(著), ダイヤモンド社, 2016年, ISBN978-4478065099)

결제 방법

다양한 결제 수단으로 차이를 만든다

6장에서는 결제 도입과 관련해 신용 카드 결제와 은행 입금 등에 관해 소개했습니다. 여기에서는 주요한 결제 방법의 장점과 단점에 관해 설명합니다. 각 결제 수단의 특징을 이해한 뒤 도입하기 바랍니다. 그리고 웹 애플리케이션이나 웹 서비스의 제공자를, 무언가를 판매하는 '사업자'로 표기합니다.[1]

직접 계약 방식과 결제 대행 방식

신용 카드 결제의 장점은 다른 지불 방법에 비해 대금 회수율이 높다는 점입니다. 때문에 EC 사이트의 대부분이 도입하고 있습니다. 은행 입금이나 편의점 지불의 경우 이용자가 입금을 잊어버릴 수 있고, 계좌 이체의 경우 잔액 부족으로 인출이 불가능할 수 있습니다. 신용카드 결제에서는 이용 한도액 범위 내에서 이용자의 지불을 회수할 수 있지만, 부정 이용에 따른 피해에 관해서는 사업자가 책임을 저야 합니다(이번 절의 뒤에서 설명합니다).

신용 카드 결제를 도입할 때는 직접 결제 방식과 결제 대행 회사를 이용하는 방법이 있습니다(그림 7-2).

---

1 (옮긴이) 이번 절의 본문에서 설명하는 결제 수단은 모두 일본의 국내 결제 수단이며 대한민국의 결제 수단과 다를 수 있습니다. 유사한 대한민국의 국내 결제 수단은 주석 등을 통해 소개합니다.

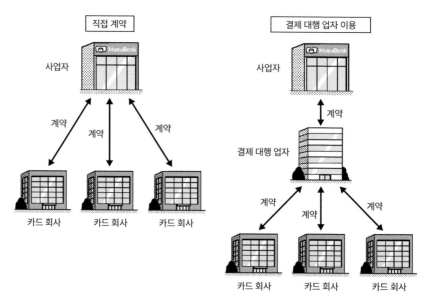

그림 7-2 신용 카드 결제 도입 방법

직접 결제 방식은 사업자(가맹점)가 VISA나 MasterCard와 같은 카드 브랜드를 취급하는 신용 카드 회사와 개별적으로 계약을 맺는 방법입니다. 수수료가 낮다는 장점이 있지만, 개별적으로 시스템을 개발해야 하므로 송금일이 달라지는 등 관리가 복잡해지는 단점도 있습니다.

결제 대행 회사를 이용하면 수수료는 다소 높아지지만 시스템 개발이 쉬워지고, 관리에 드는 노력도 필요하지 않습니다. 심사 등에 필요한 수고도 적고, 짧은 기간에 도입할 수 있는 것이 장점입니다.

신용 카드 결제를 도입할 때 주의할 점으로 해당 카드 정보의 관리를 들 수 있습니다. 신용 카드 번호를 부정하게 취득하거나 제공하는 행위는 '할부판매법(割賦販売法)'으로 금지되어 있습니다.[2] 피싱이나 부정 접근을 통해 정보를 부정하게 취득하는 것뿐만 아니라, 직원이 이용자의 신용카드 번호를 도청하는 행위도 처벌 대상이 됩니다. 결제 대행 회사를 사용하면 카드 정보 관리를 위임할 수 있어 보안 측면에서도 안심할 수 있습니다. 카드 정보를 관리하는 체제가 없다면 결제 대행 회사를 선택하는 것이 좋습니다.

---

2 (옮긴이) 대한민국 법령, 할부거래에 관한 법률(할부거래법) https://www.law.go.kr/법령/할부거래에관한법률

이용자의 신용 카드가 유효한지 사전에 확인하기 위해 1엔 결제를 할 수 있습니다.[3] 이용자가 상품을 구입할 때 사용한 신용카드로 1엔을 결제할 수 있는지를 확인함으로써 해당 카드가 유효한지 판단하는 방법입니다. 문제 없이 처리된다면 이 1엔 결제를 취소 처리해 취소가 유효한지 확인합니다. 그리고 예약 상품의 경우에는 구입 버튼을 누른 단계에서는 결제하지 않고, 상품을 발송하는 시점에 결제하기도 합니다. 이 경우에도 구입 처리 단계에서 카드의 유효성을 판단하기 위해 1엔 결제를 사용하기도 합니다.

신용 카드가 부정하게 이용되었을 때 가맹점(서비스 제공자)이 피해액을 지불해야만 하는 예로 지불 거절(Chargeback)이 있습니다. 이용자의 카드가 부정하게 이용되거나, 거래 내용에 동의할 수 없는 등의 경우 이용자가 신용 카드 회사에 연락하면 신용 카드 회사는 환불을 요구합니다. EC 사이트에서 이미 상품을 발송해버렸다면 상품이 돌아오지 않는 데다 대금도 받을 수 없습니다. 신용 카드 부정 이용은 이용자와 서비스 제공자 양측에 피해가 발생합니다. 이의 신청을 할 수는 있지만 환불 여부를 판단한 신용 카드 회사의 지시를 따를 수밖에 없습니다.

지불 거절 문제를 방지하기 위해서는 본인 확인 서비스인 '3D 시큐어'를 도입하거나 '지불 거절 보험'에 가입하는 등의 대책이 있지만 실제로는 어느 정도 리스크를 감수하는 판단도 내릴 수 있습니다.

은행 입금과 계좌 이체

은행 입금을 이용한 결제도 자주 이용합니다. 이용자가 신용 카드를 가지고 있지 않거나 인터넷을 통한 결제에 불안을 느끼는 경우에는 은행 계좌번호를 전달하고 입금을 받는 방식입니다. 이때 입금 수수료는 일반적으로 이용자가 지불합니다. 사업자로서는 간단한 결제 방법이지만, 누가 입금했는지 확인하는 데 수고가 드는 점이 단점이라고 할 수 있습니다.

구독 계약과 같이 정기적인 지불이 발생한다면 계좌 이체를 이용한 자동 이체가 편리합니다. 이용자와 사업자, 금융기관 사이에 '자동 이체 신청서'라는

---

3 (옮긴이) 대한민국에서는 1원/100원/1,000원 결제 등의 방법을 사용하고 있습니다.

서류를 작성하고 계좌 이체 계약을 맺습니다. 이용자는 입금에 대한 번거로움 없이 지불을 잊지 않을 수 있고, 사업자는 관리 수고가 줄어들기에 양측에게 장점입니다. 실제로는 사업자가 개별 금융 기관과 계약을 맺기란 번거롭기 때문에 수납 대행 회사를 통해 대금 입금이 이루어집니다(그림 7-3).

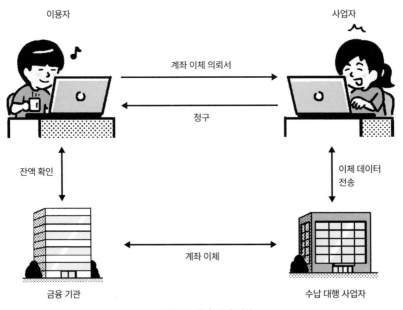

그림 7-3 **계좌 이체 절차**

계좌 이체 수수료는 사업자가 부담하지만 신용 카드 결제보다 저렴한 경우가 많습니다. 예를 들어 신용 카드 결제 수수료는 3.5% 정도지만, 계좌 이체의 경우 일반적으로 1회당 100엔에서 150엔 정도입니다. 1,000엔 정도의 상품이라면 매월 청구할 경우 계좌 이체 수수료가 높아지지만, 반년 또는 1년에 한 번 정도 10,000엔을 청구하는 경우에는 신용 카드 결제 수수료가 350엔이 되는 것에 비해 계좌 이체에서는 100엔에서 150엔 정도가 됩니다. 1건당 금액에서는 큰 차이가 없지만 고객이나 거래 수가 늘어나면 그 차이가 훨씬 커집니다.

편의점 지불

은행 입금과 마찬가지로 신용 카드를 사용하지 않는 사람이 선택하는 지불 방법으로 편의점 결제(수납 대행)가 있습니다. 서비스 제공자로서는 수수료가 비교적 저렴하고 입금 상황 관리도 편하다는 장점이 있습니다. 이용자로서는 편의점을 직접 방문해야 하는 단점은 있지만 PC 조작에 익숙하지 않아도 간단하게 지불할 수 있고, 상품을 확인한 뒤 결제할 수 있다는 장점도 있습니다.

편의점 결제에는 지불표를 사용하는 방법과 지불용 번호를 발급하는 방법이 있습니다.

지불표를 사용하는 방법은 기본적으로 후지불입니다. 상품과 함께 지불표를 동봉한 후 편의점에서 이를 지불합니다. 상품을 발송하지 않은 업종에서는 사용할 수 없고, 상품과 별도로 지불표를 발송하면 배송료가 발생합니다. 당연히 대금을 회수하지 못할 가능성이 있으므로 보증 제도가 제공됩니다.

지불용 번호를 발급하는 방법은 이용자가 웹 사이트에서 상품을 구입했을 때 결제에 필요한 번호를 웹 사이트상에 표시합니다(결제 대행 사업자가 번호를 발급하고 메일로 이용자에게 알리는 방법이 있습니다). 이용자는 그 번호를 편의점 점원에게 전달하고, 편의점에 설치된 전용 단말기에 번호를 입력해서 결제합니다. 선지불이므로 결제가 완료된 뒤 상품을 발송할 수 있는 점은 사업자에게 장점이며, 이용자 측도 신용 카드가 없어도 온라인으로 상품을 구입할 수 있다는 장점이 있습니다.

상환과 착불

사업자 측에선 대금 회수 누락, 이용자 측에선 상품 미도착이라는 양측의 불안을 해소하는 방법으로 상환(대금 상환)을 이용한 결제가 있습니다. 구입자가 물품을 받을 때 배송업자에게 상품 대금을 지불하는 방법으로 배송업자가 사업자에게 대금을 지불합니다.

상품 대금과 배송료 외에 수수료가 추가로 발생하지만 신용 카드가 없어도 결제할 수 있고, 이용자는 편의점이나 은행에 갈 필요가 없습니다. 직접 현금을 준비해야 하지만 상품을 확실하게 받을 수 있기 때문에 많이 사용됩니다.

사업자 측의 단점으로는 인수 거부가 있습니다. 상품을 발송했음에도 불구하고 구입자가 상품을 받지 않으면 해당 상품은 반품됩니다. 그리고 왕복 배송료는 물론 상환 수수료도 사업자가 부담해야 합니다.

마찬가지로 배송업자에게 요금을 지불하는 방법으로 착불 결제가 있습니다. 착불 결제란 구입자가 배송업자에게 배송료만 지불하고, 상품 대금은 다른 방법으로 사업자에게 지불합니다.

두 가지 방법 모두 상품을 배송하는 경우에만 사용할 수 있지만 특별한 시스템을 도입할 필요가 없으므로 편리한 결제 방법입니다.

▎QR 코드 결제

최근에는 QR 코드 결제를 도입한 매장이 많아졌습니다. 매장에서 QR 코드 결제를 할 때 크게 이용자 제시형과 매장 게시형이라는 2가지 방법이 있습니다.

이용자 제시형은 이용자가 스마트폰의 QR 코드 결제 애플리케이션으로 표시한 QR 코드를 매장에 설치되어 있는 스캐너로 읽는 방법입니다. EC 측에서는 이용자의 QR 코드를 스캔할 수 없으므로 이 방법은 사용할 수 없습니다.

매장 게시형은 매장에 고정 QR 코드를 설치하고, 이용자의 스마트폰으로 해당 QR 코드를 읽어 금액을 입력하는 방식입니다. 웹 사이트에 QR 코드를 기재하면 기술적으로는 결제할 수 있지만 위조 가능성이 있어 활용하지 않습니다. 이용자가 EC 사이트에 표시된 가짜 QR 코드로 결제할 가능성이 있기 때문입니다. 사업자로서는 매출을 관리할 수 없을 뿐만 아니라 서비스를 제공하지 않았음에도 불구하고 임의로 결제되는 경우도 있을 수 있습니다. '상품을 구입했다'는 거짓 주장에 의한 피해를 입을 수도 있습니다.

때문에 웹 사이트에 QR 코드를 올리기보다는 QR 코드 결제사업자기 준비한 결제 시스템을 도입합니다. 이용자 입장에서는 익숙한 결제 방법을 사용할 수 있고, 사업자 관점에서는 신용 카드 결제처럼 쉽게 도입할 수 있는 방법이라고 말할 수 있습니다.

우선 은행 입금 서비스부터 시작하려고 생각했지만, 이용자 수가 증가함에 따라 입금자 이름과 등록자를 확인하기 어려워 보이네요.

개인으로 경매에 출품하는 정도라면 은행 입금으로 충분하지만, 이용자가 늘어나면 관리가 어려워집니다.

어떤 결제 수단이 적합한지 제공하는 서비스 내용에 따라 선택해야겠네요.

 권장 도서

결제 시스템의 모든 것(동양경제신보사, 2013)(「決済システムのすべて」, 中島真志(著), 宿輪純一(著), 東洋経済新報社, 2013年, ISBN978-4492681336)

찾아보기

찾아보기

ㅎ